MANUAL DO COVARDE

CB017904

GUILHERME FIUZA

MANUAL DO COVARDE

6ª edição

EDITORA RECORD
RIO DE JANEIRO • SÃO PAULO
2022

CIP-BRASIL. CATALOGAÇÃO NA PUBLICAÇÃO
SINDICATO NACIONAL DOS EDITORES DE LIVROS, RJ

F585m
6ª ed.

Fiuza, Guilherme
Manual do covarde: do palácio à cadeia sem tirar a máscara / Guilherme Fiuza. – 6ª ed. – Rio de Janeiro: Record, 2022.

ISBN 978-85-01-11457-0

1. Ensaios brasileiros. I. Título.

18-49676

CDD: 869.4
CDU: 82-4(81)

Leandra Felix da Cruz – Bibliotecária – CRB-7/6135

Copyright © Guilherme Fiuza, 2018

Fotos da capa: Lula: Gero Rodrigues/Shutterstock | Dilma Rousseff: Frederic Legrand – COMEO/Shutterstock | Jean Wyllys: Cleia Viana/Câmara dos Deputados | Luciana Genro: Diógenis Santos/Câmara dos Deputados | Nicolás Maduro: Marcos Salgado/Shutterstock | Meryl Streep: Featureflash Photo Agency/Shutterstock | Bono Vox: Frederic Legrand – COMEO/Shutterstock | Edson Fachin: Nelson Jr./SCO/STF | Rodrigo Janot: Fellipe Sampaio/SCO/STF | Luís Roberto Barroso: Carlos Moura/SCO/STF | Hillary Clinton: JStone/Shutterstock | José Mujica: Ymphotos/Shutterstock | Sônia Braga: s_bukley/Shutterstock | Guilherme Boulos: Alf Ribeiro/Shutterstock | José Dirceu: Britto Júnior/Câmara dos Deputados | Gleisi Hoffmann: Lucio Bernardo Jr./Câmara dos Deputados.

Todos os direitos reservados. Proibida a reprodução, armazenamento ou transmissão de partes deste livro, através de quaisquer meios, sem prévia autorização por escrito.

Texto revisado segundo o novo Acordo Ortográfico da Língua Portuguesa.

Direitos exclusivos desta edição reservados pela
EDITORA RECORD LTDA.
Rua Argentina, 171 – Rio de Janeiro, RJ – 20921-380 – Tel.: (21) 2585-2000.

Impresso no Brasil

ISBN 978-85-01-11457-0

EDITORA AFILIADA

Seja um leitor preferencial Record.
Cadastre-se em www.record.com.br
e receba informações sobre nossos
lançamentos e nossas promoções.

Atendimento e venda direta ao leitor:
sac@record.com.br

SUMÁRIO

NOTA DO AUTOR

Meio século após a explosão da contracultura — os loucos anos 60 —, o mundo vive um novo despertar político.

Ele é especialmente forte no Brasil — e contém um elemento sem precedentes: sua força está na sua falsidade.

É a primeira revolução *fake* da história.

Em 1968, escolher um lado do Muro de Berlim podia custar a vida. Passados 50 anos, seus problemas acabaram: você pode ser um herói de esquerda sem sair do Facebook.

O *Manual do covarde* é uma crônica desse falso despertar — espécie de feira politicamente correta — e sua escalada febril do impeachment de Dilma à prisão de Lula.

Se cada vez mais gente finge ter uma causa (a chamada minoria esmagadora), este livro também finge ser um manual — que vai te ensinar a ciência deles: como ficar sempre bem na foto sem precisar tirar a máscara.

De Lula a Bono Vox, de Maduro ao papa, do STF à MPB, do PT a Hollywood, biografamos para você as melhores farsas do século 21.

Aprenda com quem faz.

LIÇÃO Nº 1

O filho do Brasil

e os pobres milionários

Todo mundo sabe que roubar o povo não é pecado se você é coitado profissional e seus métodos são aprovados por celebridades graciosas.

O Brasil disse ao filho do Brasil: "Um dia tudo isso será seu." Radiante, o herdeiro cumpriu seu destino e tomou posse de tudo.

Sendo acima de tudo um homem bom, ele pegou a maior empresa de papai e partilhou-a com a família e os amigos, lambuzando a turma toda de ouro negro. O filho do Brasil não pensava só nele, tanto que seus filhos — os netos do Brasil — enriqueceram também.

E seu sobrinho, seu segurança, sua amante, seu churrasqueiro, seus correligionários, enfim, todo mundo se deu bem, porque o patrimônio de papai era colossal.

É bem verdade que o restante dos brasileiros ficou de fora da herança, mas isso é normal: são filhos da outra — não têm nada que meter a mão no que não é deles. Todo mundo sabe que o Brasil só teve um filho.

Em meio a tanta felicidade, uma elite egoísta começou a perseguir o filho do Brasil, disparando todo tipo de acusação contra ele. Inveja. Mania de querer mandar gente humilde para a cadeia.

Aí é guerra. E entraram em cena os gladiadores das almas honestas e perseguidas — protagonistas deste *Manual* —, combatentes que nada temem, pois sabem que sempre ficarão bem na foto (sem precisar tirar a máscara).

São patrulheiros abnegados, que defendem o pobre milionário e sua casta sofrida com uma garra impressionante. A qualquer momento podem chamar a ONU e o *New York Times* para dar uma retocada no mito. Aí fica tudo bem.

O processo evolutivo desses missionários é mágico: quanto mais poderosos, mais coitados.

Esta é, portanto, a história de uma revolução. O século 21 veio condecorar essa brava gente que descobriu como fazer da covardia um ato heroico. Reconheça: são os alquimistas modernos.

Eles só não contavam com o tsunami de 7 de abril de 2018.

* * *

Mesmo com os alquimistas mascarados guerreando a seu favor, o filho do Brasil se irritou com o mar de ações judiciais contra ele, se trancou no banheiro e perguntou:

"Espelho, espelho meu: se o Brasil me ama e eu sou o filho dele, então essa porra é toda minha mesmo, não é?" (O Brasil sempre se orgulhou do linguajar do filho. Ele sabe que é na grossura que está a verdade.)

O espelho, que nunca deixou o príncipe-herdeiro na mão, deu-lhe a resposta definitiva: "Companheiro, manda eles enfiarem esses processos no custo da OAS."

O filho do Brasil obedeceu, dando só uma abreviada na sentença (mais especificamente nas últimas oito letras) — momento mágico eternizado em vídeo pela companheira Jandira, dona de uma das máscaras mais disputadas do carnaval.

Mas a elite que não suporta ver o sucesso de um pobre continuou a persegui-lo furiosamente. O filho do Brasil voltou para diante do espelho e perguntou-lhe se poderia haver algum fundamento nas acusações de que tinha enriquecido ilicitamente.

O espelho nem entrou nesse mérito de legalidade, que é muito relativo, e foi categórico:

"Companheiro, pode ficar tranquilo: você é um miserável. Um sujeito que vive toda uma vida se fazendo de vítima para conquistar mesada de empreiteira e terminar com uns pedalinhos personalizados é o quê? Um miserável! Relaxa."

Mesmo vivendo nessa flagrante e proverbial miséria, o filho do Brasil continuou sendo acossado pela implacável brigada conservadora.

Aquela gente preconceituosa resolveu implicar com a escolha de uma mulher (sapiens) para gerir o patrimônio da família — e com as sutis sabotagens dela à Lava Jato (uma operação que não reconhecia o filho do Brasil como legítimo dono da Petrobras, do BNDES, do suor do contribuinte, enfim, dessa fabulosa fortuna acumulada por papai).

O pobre homem voltou a consultar o espelho, que respondeu: "Companheiro, não enche o saco. Já te disse que você é o messias. Vai consultar o pessoal da MPB."

Sempre obediente ao espelho, o filho do Brasil foi perguntar a um seleto grupo de cantores, atores e intelectuais do bem se tinha problema ele ter regido o mensalão e o petrolão; se tinha algo errado no fato de ele ter tomado posse do patrimônio do Brasil, na condição de único herdeiro, e distribuído generosamente essa riqueza entre seus familiares e amigos.

Foi o melhor conselho que a criatura humilde poderia ter pedido.

O tal grupo de iluminados não só lhe disse que estava tudo cristalinamente certo, como chamou para briga os brasileiros — esses filhos da outra que queriam meter a mão no que não é deles.

Mexeu com o filho do Brasil, mexeu com o ganha-pão dos mascarados.

Depois de desafiar as elites reacionárias e se pintar para guerra, a MPB se trancou no banheiro e perguntou aflita: "Espelho, espelho meu: e se eu perder a moleza de bancar o herói socialista na garupa do messias de São Bernardo, que infelizmente foi descoberto pela polícia?"

"Não entendi a pergunta", rosnou o espelho. "Fala direito que isso aqui não é letra do Djavan."

"Porra, espelho!", reagiu a MPB ainda mais alvoroçada. "Estou perguntando o que será de mim se o filho do Brasil for em cana!"

Aí o espelho respondeu sem rodeios: "Perdeu, playboy. Pega tudo que você investiu nessa demagogia vagabunda e enfia no custo da Odebrecht."

Pacifista e libertária, a MPB chamou uns *black blocs* e destruiu o espelho.

Aí ficou tudo bem: ela não sujou as mãos e o espelho calou a boca. Falam demais, esses espelhos de hoje em dia. Se você ficar muito tempo diante deles, podem até fazer uma biografia não autorizada sem te dar um tostão.

Melhor não tirar a máscara — nem para dormir.

* * *

O país com nome de pau e seu filho, que era a cara do pai, protagonizaram um fenômeno impressionante quando o menino completou 70 anos.

Aquele aniversário de Lula (o filho do Brasil, para quem não ligou o nome à lenda) teve uma celebração peculiar: era o maior mito vivo da política nacional, duas vezes presidente, mimado por figurões do mundo inteiro (companheiro Obama incluído), completando sete décadas de existência numa festa à qual compareceram 30 pessoas.

Vale lembrar: na ocasião, Lula ainda não tinha sido condenado pela Justiça, e o país era governado por sua preposta — ou seja, por ele mesmo.

O primeiro presidente brasileiro saído da pobreza poderia estar celebrando seus 70 anos num evento em que 30 fosse o número de garçons — com a opulência que os esganados do PT tanto prezam. Talvez 300 convidados do mundo inteiro, ou quem sabe 3 mil, numa festa popular no Ibirapuera.

Mas Lula escolheu outra vida.

Às vésperas desse estranho aniversário, a Polícia Federal tinha batido na empresa de um dos filhos do aniversariante. Operação Zelotes.

Além de todos os crimes da Lava Jato, surgia a investigação de contratos falsos para encobrir a venda de Medidas Provisórias a montadoras. Era o governo popular fazendo a festa dos ricos, em benefício do novo-rico.

Aí começa a fazer sentido: festa de emergente enrolado com a polícia só dá mais de 30 pessoas se tiver drogas e sexo de graça — o que convenhamos, numa situação dessas, é o mínimo.

Mas o *Manual do covarde* é claro: se a lenda do coitado profissional continua viva, agarre-se a ela. Amarre bem a sua máscara de herói progressista e corra para a galera.

Não precisa nem ir a festa estranha com gente esquisita, para não correr o risco de acharem que você defende bandido bom.

Vocês são *inútil*

Dentre as grandes performances dos cafetões da lenda, dificilmente alguma poderá superar a do carnaval 2018. Em todo o Brasil, e no desfile das escolas de samba do Rio em particular, a folia foi marcada por um colossal despertar político. Todos contra a corrupção e os vampiros do poder, em múltiplas alegorias de indignação e ultraje. Um show cívico.

Uma única figura ficou de fora dos protestos coreografados, dos sambas depuradores e dos enredos moralizantes: Lula.

É ou não é genial?

Não foi por esquecimento, claro. O filho do Brasil acabara de ter — menos de um mês antes — sua condenação por corrupção passiva e lavagem de dinheiro sentenciada pelo Tribunal Regional Federal da 4ª Região.

O julgamento mobilizou o Brasil e repercutiu no mundo todo: a partir dali o grande líder poderia ser preso.

Mas o boneco de Lula não foi visto na catarse justiceira da Marquês de Sapucaí. Esses marqueses têm lá suas preferências, só pode ser isso. Elite é fogo.

O carnaval do despertar político não teve o filho do Brasil, nem qualquer dos seus companheiros de presépio revolucionário, como Dirceu ou Dilma. Faz sentido. Na revolução carnavalesca, a boa máscara deve exalar um certo charme de esquerda — mesmo sabendo-se que num presépio de parasitas não há ideologia, muito menos charme.

E foi assim que o enredo "O filho do Brasil e o maior assalto da história" levou nota 10 no carnaval do protesto.

Tão marcante quanto a ausência de Lula na folia dos indignados foi a ausência de Bono Vox no julgamento de Lula. Num intervalo de poucas semanas, duas lacunas inesquecíveis.

O cantor irlandês já tinha apoiado seu herói brasileiro em pleno mensalão, e não haveria de faltar agora. Rumores sobre sua possível presença em Porto Alegre, local do julgamento, encheram de coragem a claque mascarada.

Mas alguém deve ter soprado ao gringo que dessa vez não ia ter circo, só juízes fazendo o seu trabalho — o que não tem a mesma graça. O astro consciente foi então cantar em outra freguesia, e não houve notícia nem de uma mensagem de solidariedade ao amigo condenado.

O *Manual do covarde* não seria possível sem Bono Vox — o homem e o mico.

Talvez a mais completa tradução deste *Manual* seja a guitarra doada por Bono para o Fome Zero. O programa do PT nunca matou a fome de ninguém (foi extinto antes disso), mas vitaminou mundialmente o comercial heroico do líder do U2.

O baile de máscaras está nas fotografias: Lula e Bono rindo — o primeiro fingindo tocar guitarra, o segundo fingindo ajudar os pobres. Ao fundo, emoldurando esses flagrantes de felicidade, o escândalo do mensalão.

É preciso muita coragem para se chegar à verdadeira covardia.

* * *

Os antropólogos do século 22 possivelmente encontrarão a conexão entre a rebeldia do carnaval 2018 e a do Rock in Rio 2017. Bono não estava lá, mas dessa vez não fez falta: as guitarras fingiram tão bem que até pareciam tocadas por Lula.

Foi uma espécie de Woodstock de gabinete, com Jimi Hendrix dando lugar a Rodrigo Janot no leme da revolução. Cada tempo com seu ícone.

O público engajado delirou com os brados políticos das bandas nacionais contra os poderosos — compensando 13 anos de silêncio sob o assalto popular e democrático do PT.

Assim como Hendrix, Janot também se mostrou capaz de fazer o inacreditável. No papel, era o procurador-geral da República; na realidade, um bruxo. Sua conspiração com os açougueiros biônicos do PT e o juiz do frigorífico fez história em maio de 2017, poucos meses antes do festival.

O show de Janot era uma espécie de revanche contra o impeachment da companheira Dilma, cujo pescoço ele fez o que pôde para salvar.

A virada de mesa acabaria não dando certo — os açougueiros tomaram um porre e gravaram sem querer a confissão toda do plano —, mas o Rock in Rio teve tempo de curtir seus 15 minutos de revolução imaginária.

A contracultura da Barra da Tijuca se esbaldou de gritar contra os corruptos. Só não se ouviu uma palavra de ordem, um versinho, um sussurro pela prisão de Luiz Inácio da Silva — que se tornara hepta réu na Lava Jato, apontado como regente do maior escândalo de corrupção da história.

Normal. A revolução é deles, eles brincam como quiserem.

Do lado de fora da bolha transcendental, um cenário desolador:

- inflação, juros e dólar despencando;
- Petrobras recuperada em tempo recorde;
- recessão chegando ao fim;

E o pior:

- gravíssimo risco de melhoria de vida do povo — não aquele engajado na tirolesa, mas o que não sonhava pagar 500 pratas para brincar de revolução.

Ainda bem que não convidaram o Roger do Ultraje a Rigor para o festival. Se ele fizesse o público cantar “A gente *somos* inútil”, a ressaca da rapaziada consciente ia durar até o Rock in Rio seguinte.

Versículo 171

A saga da investigação, denúncia e condenação do filho do Brasil tirou uma avalanche de máscaras de bondade dos armários. Graças a Lula, o catálogo da picaretagem intelectual do século 21 ganhou uma atualização formidável.

Além do silêncio ensurdecedor de roqueiros e carnavalescos, personagens de expressão internacional tiveram a chance de fazer história homenageando a alma mais honesta da quadrilha. Antes do julgamento do Caso Triplex pelo juiz Sergio Moro, José Mujica, o ex-presidente fofo do Uruguai, disse que seu coração estava com Lula.

A solidariedade emocionante foi prestada em maio de 2017, na festa pela libertação de José Dirceu, outra alma boa da mesma quadrilha.

Umas 48 horas depois, o ex-diretor da Petrobras Renato Duque, peça central do petrolão, confirmou a Moro que Lula era o chefe do esquema. Ou seja: o coração solidário de Mujica e o dinheiro roubado do contribuinte estavam juntos, sob a mesma guarda.

O papa Francisco, uma fofura ainda mais exuberante que Mujica, também deu seu jeitinho de hipotecar o coração ao maior e mais querido ladrão brasileiro:

Quando o impeachment da presidenta mulher chegou ao seu momento crucial, o sumo pontífice declarou que a situação no Brasil era "muito triste" e disse que ia cancelar sua visita ao país. Sutileza é tudo.

O *Manual do covarde* é claríssimo neste ponto:

Se você é o mais alto guardião do mandamento "não roubarás" e quer fazer panfletagem ideológica para bandido simpático, declare simplesmente que está "triste". É bem seguro, porque hipocrisia é o tipo da coisa que ninguém mais nota.

Já sobre a Venezuela, enquanto o sangue corria nas ruas e o companheiro Maduro fechava o Congresso, Francisco declarava que a solução da crise ficava difícil com "a oposição dividida".

Vamos repetir, porque você não ouviu direito: o papa bonzinho encontrou um jeito de culpar a oposição venezuelana pela ditadura sanguinária do pimpolho de Chávez.

Felizmente não apareceu nenhum chato para perguntar ao herói do Vaticano se aquele papo de "não matarás" está valendo ainda.

O pau comeu no Brasil também, em greves cenográficas montadas pelos movimentos de aluguel que apoiam Lula e são apoiados pelo papa. Pena que Francisco desistiu da visita ao país e não pôde ver ao vivo as barricadas em chamas paralisando a vida nacional.

Eles invadiram aeroportos, deram paulada em trabalhador, enfim, foi emocionante, companheiro pontífice. Dá uma olhada no YouTube.

Enquanto isso, seu amigo enrolado com a polícia desembarcava em Curitiba para depor ao juiz Sergio Moro de jatinho particular, cercado por uma comitiva de petistas sorridentes e gordos.

Como sofre, essa elite perseguida.

Dilma passou a fazer palestras pelo mundo numa língua só dela viajando de primeira classe. Eles nem precisam mais fingir que governam — e aí vem a angústia de não saber o que fazer com tanto tempo e dinheiro.

O que seria dessa gente sem o seu apoio espiritual, Francisco?

Por falar em espírito, depois daquela sublime transformação do velório de Marisa Letícia em comício de Lula, sobreveio a sagrada providência de Bumlai.

Lembra dele, companheiro? Aquele da venda falsa de sêmen de boi, para encobrir o derrame de grana da Petrobras no caixa do PT... Enfim, um dos laranjas do assalto, depois você vê direitinho no Google.

Pois bem: no que a Justiça identificou o Instituto Lula como central de distribuição de propina, Bumlai entrou em cena — cirurgicamente libertado da prisão pelos companheiros do STF — para declarar que a criação do Instituto foi ideia de quem?

Acertou, danado: da falecida!

Aconteça o que acontecer, Francisco querido, você há de garantir que todas essas almas honestas vão para o céu, depois de tanto penar.

* * *

Com o papa, Bono, Mujica, carnaval, rock'n'roll, MPB, Sonia Braga e grande elenco, o filho do Brasil ganhou enfim o seu diploma: Corrupto — pena de doze anos e um mês de prisão.

Absurdo. Todo mundo sabe que roubar o povo não é pecado se você é coitado profissional e seus métodos são aprovados por personalidades graciosas. Tiririca, por exemplo, subiu à tribuna para fazer seu primeiro e último discurso como deputado — comovendo o Brasil ao declarar sua vergonha dos políticos corruptos e defender Lula.

Certas formulações éticas só um palhaço é capaz de fazer.

Até o mosqueteiro Dartagnol Foratemer abandonou seu PowerPoint para catar voto em sarau de subcelebridade petista, que ninguém é de ferro. Aquela floresta de crimes palacianos montados por Lula, que levou o país à maior crise de sua história, ficou para trás.

A Lava Jato, que obrigava o jovem procurador a andar atrás dos incontáveis delinquentes do bando, dava um trabalhão — fora ser xingado todo dia de golpista, fascista, androide etc. pelos colegas mais cultos do Tiririca.

Foi só deixar Lula, Dilma e sua gangue em paz para a histeria virar carinho, nos melhores endereços da Delfim Moreira. Com tudo dando certo, e até o ex-algoz se dando bem com a lenda "progressista", por que condenar esse pobre homem?

Se a independência do Brasil foi proclamada no grito, a inocência do filho dele também podia ser.

Embalado por tanta homenagem bonita, o simpático delinquente já estava zanzando por aí de novo — até comício no Teatro Casa Grande ele foi fazer, como nos bons tempos da resistência aos militares (essa gente destemida vai lutar contra a ditadura do século passado até o último centavo do contribuinte).

O detalhe é que o teatro passou a se chamar Oi Casa Grande — propriedade da companhia telefônica depenada pelas negociatas do bando de Lula. O criminoso sempre volta ao local do crime — no caso, para ser aplaudido de pé.

Como prender um homem desses?

No embalo dos afagos, ele resolveu voltar ao local de outro dos seus crimes — o maior de todos — e surgiu numa boa, com meia dúzia de áulicos, para um comício na Petrobras. Contando, ninguém acredita.

O evento impressionante se deu em dezembro de 2017, no Complexo Petroquímico do Rio de Janeiro (Comperj) — um dos mais famosos focos do assalto petista revelado pela Lava Jato. Sob nova direção, a Petrobras chamou a polícia e barrou Lula — que ficou gritando furiosamente do lado de fora.

A desinibição dessa alma honesta é mais do que compreensível. Se você estupra a Petrobras e continua sendo mimado por supostos expoentes da cultura (e por boa parte da opinião pública), você é no mínimo um bom selvagem.

Vai fundo, companheiro. Como diria Maluf, estupra mas não mata.

O Brasil há de permanecer fiel a esse Robin Hood moderno, que rouba dos pobres para dar aos defensores dos pobres.

Lula seguiu fazendo a sua parte, semeando com o talento de sempre o mau agouro e o ressentimento numa campanha presidencial fictícia. Prometeu voltar ao Palácio do Planalto e mandar prender todos os jornalistas que mentiram sobre ele.

Parênteses: é muita ingratidão você passar mais de década comprando jornalistas para exaltar sua honestidade e depois ameaçar prender quem mentiu.

Sigmund Freud veria aí um ato falho. Quando um narcisista patológico começa a ver que vai ser preso, imediatamente passa a dizer que o restante do mundo vai para trás das grades — o que não deixa de ser verdade, olhando-se de dentro para fora da cela.

O candidato a Mandela do ABC resolveu convencer o planeta de que a pornochanchada da Lava Jato não passou de um erro jornalístico. Aproveitando a distração crônica da plateia local, orientou sua claque a perguntar aos quatro ventos onde estava a prova do crime.

Mentira tinha perna curta, mas cresceu — de tanto anabolizante petista. Hoje ela pode dar voltas ao mundo antes de ser alcançada.

Muito herói de Facebook chegou a ficar bem na foto desafiando seus inimigos de estimação a provar a culpa de Lula.

O *Manual do covarde* não pode deixar esses fiéis seguidores falando sozinhos.

Cadê as provas?

O Brasil está na vanguarda do despertar político do século 21. Só é superado, em nível de engajamento, pelo mundo da Lua. Um observador atento notará que quase todas as pessoas passaram a ter uma causa, e que absolutamente todas têm umbigo — sendo que, na maioria das vezes, as duas coisas ocorrem precisamente no mesmo lugar.

É uma revolução.

O fenômeno já vinha dando sinais eloquentes, como as famosas manifestações de junho de 2013 — a chamada Primavera Burra —, em que milhões de pessoas foram às ruas protestar contra tudo.

Como tudo é o mesmo que nada, o inimigo escapou sem um arranhão.

O governo parasita que aviltava a vida das pessoas — em muito mais que 20 centavos da passagem de ônibus — saiu tranquilo do tumulto para completar sua obra-prima: a maior recessão da história do país, consumada pouco mais de um ano depois.

O brado da Primavera Burra foi exatamente como o choro do bebê de colo — que não distingue fome, frio ou sono. No caso do bebê chorão de 2013, o problema era roubo. Na cara dele. Berrou sem falar, dançou.

Parte da patrulha que andou espalhando não haver provas contra Lula provém daquelas manifestações. A Mídia Ninja, por exemplo, que surgiu para mostrar o que a imprensa tradicional supostamente escondia, foi parar no bolso do PT.

Cada um com a sua tradição.

Além de se esgoelarem pela reeleição da presidenta mulher no ano seguinte — agora com o roubo escancarado e o bebê já falando Lava

Jato —, essas linhas auxiliares do petismo tentaram sabotar o processo de impeachment e depois foram conspirar com Janot e Joesley, que a carne é fraca.

Na tropa de choque, PSOL, *black blocs* e outras joias democráticas da Primavera Burra.

O PSOL foi com Lula quase até a porta da cadeia, assim como fora com Maduro até a porta do extermínio. É de uma precisão impressionante: sugam a lenda o quanto podem e largam a mão no último passo antes do caldo entornar e o sangue correr, ou vice-versa.

Faz parte da missão perguntar cadê as provas contra Lula, porque solidariedade à maior vítima profissional do país é quase um seguro de vida.

E nada mais seguro que 149 páginas (de uma única denúncia) num berçário — onde ninguém lê, só berra.

O *Manual do covarde* não quer estragar essa química cidadã. Apenas aponta a seguir algumas observações que você jamais, nem sob tortura, deverá mencionar numa mesa de bar quando estiver defendendo Lula.

* * *

Os quatro cavaleiros do apocalipse petista — mensalão, petrolão, pedaladas fiscais e fraudes internacionais —, que devastaram a economia popular, seriam quatro cordeirinhos desmamados sem a liderança de Luiz Inácio da Silva.

Vejam o lado bom do despertar político fashion: o apocalipse chegou e o Brasil nem notou.

Infelizmente, a Operação Lava Jato cismou de estudar a quadrilha do filho do Brasil — e o que é pior: foi transformando tudo em processo judicial, em vez de engavetar essa literatura obscena que ofende a família brasileira.

Tirem as crianças da sala para darmos uma olhada no proibidão do Lula.

A Lava Jato seguiu um caminho simples: o do dinheiro. A literatura é tão vasta que o pessoal do despertar politicamente correto se perde no emaranhado de delações, na aritmética das fraudes e na prosopopeia dos laranjais.

Vamos dar uma organizada no escândalo.

A investigação está montada basicamente sobre três eixos:

- a ligação direta e comprovada de Lula com os diretores corruptos da Petrobras, incluindo a nomeação deles e sua manutenção no cargo para continuarem roubando;
- a ligação pessoal e comprovada de Lula com expoentes do clube das empreiteiras, organizado para assaltar a Petrobras;
- a ligação orgânica e comprovada de Lula com os prepostos petistas e seus esquemas de prospecção de propinas.

José Dirceu, João Vaccari Neto e Silvinho Pereira são alguns desses prepostos escalados pelo ex-presidente para montar o duto nacionalista que depenou a Petrobras.

Interessante notar que, quando Dirceu cai em desgraça por causa do mensalão, o esquema do petrolão continua a todo vapor — e o próprio Dirceu, mesmo proscrito, continua recebendo o produto do roubo.

Claro que um ex-ministro sem cargo, investigado e, posteriormente, preso, só poderia atravessar todo esse calvário recebendo propina se continuasse tendo poder no esquema — e só uma pessoa poderia conferir tanto poder a um político defenestrado: o adestrador dos quatro cavaleiros.

A novela da luta cívica de Lula em defesa de "Paulinho" (Paulo Roberto Costa, ex-diretor de Abastecimento da Petrobras e um dos mais destacados operadores do esquema) é comovente. O então presidente da República não mede sacrifícios e atropelos para nomear e manter o ladrão no cargo.

As investigações da Lava Jato sobre o ex-presidente não são genéricas. Ao contrário, optam por aproximar o foco de algumas triangulações tão específicas quanto reveladoras.

Uma delas, envolvendo também Renato Duque — colocado pela turma de Lula na diretoria de Serviços da Petrobras para roubar junto com Paulinho —, ilumina outro protagonista da trama: Léo Pinheiro, executivo da OAS.

Montado o elenco, os investigadores apresentaram o eletrizante enredo do Caso CONPAR:

"A expansão de novos e grandiosos projetos de infraestrutura, incluindo a reforma e a construção de refinarias, criou um cenário propício para o desenvolvimento de práticas corruptas", apontam os membros da força-tarefa.

Tradução exclusiva do *Manual do covarde*: o governo Lula criou um PAC da corrupção. O ladrão fez a ocasião.

Entre as ocasiões mais apetitosas estava uma obra de R$ 1,3 bilhão na Refinaria Getúlio Vargas (REPAR), que acabou custando R$ 2,3 bilhões.

A OAS integrava o consórcio CONPAR, que graças ao prestígio de Léo Pinheiro, amigo do rei, arrematou o contrato em flagrante "desatendimento da recomendação do departamento jurídico da Petrobras sobre a necessidade de avaliação da área financeira para a contratação do Consórcio CONPAR, em junho de 2007".

O caso CONPAR deságua no Guarujá, onde um triplex escondido com rabo de fora revelou o escândalo oceânico.

Esse é só um trecho da literatura vertiginosa que embasou a primeira condenação de Lula por Sergio Moro. Se quiser mais, pergunte ao Google cadê as provas. Ele tem muito a te mostrar.

Mas não conte pra ninguém.

De volta ao espelho

Nessa fantástica era de tomada de consciência política, a contribuição brasileira foi provar que o apocalipse é relativo. E a picaretagem também. A besta pode destruir tudo e sair dizendo "besta é tu", como na música dos Novos Baianos.

Aí o contribuinte brasileiro foi convocado a pagar 3 bilhões de dólares aos americanos lesados pelo escândalo da Petrobras. No exato momento em que você era chamado a cobrir o roubo do Lula, Lula era chamado para jogar futebol com Chico Buarque.

Besta é tu.

Mais uma regra cristalina do *Manual do covarde*: a delinquência é um estado de espírito. No lugar certo e na hora certa, é mais fácil lavar uma reputação que uma chuteira — por mais enlameadas que ambas estejam.

Não entendeu? Então preste atenção nessa foto (que nem toda a fortuna do petrolão paga):

O ex-operário entrando em campo com o ídolo da música popular, ambos sorridentes, numa tal encarnação de bondade e alegria que faz o coração brasileiro mandar às favas os escrúpulos de consciência (ver AI-5). E bradar "cadê as provas?!".

Não existe no planeta lavanderia de reputação mais eficaz. Nada de marqueteiros e advogados — linha direta com o coração. Não tem erro.

Quando a arte coloca a emoção e a sedução a serviço da cafetinagem política, não tem para ninguém.

O cidadão está na vaquinha de 3 bi para cobrir o desfalque de Lula e nem é convidado para jogar com o Chico Buarque — mas o que o deixa indignado é a perseguição ao compositor nas ruas do Leblon.

O amigo do filho do Brasil desabafou num show: a cada esquina tem de ouvir um "vai pra Cuba, viado".

Deve ser chato mesmo. Mas para quem não tem preconceito contra Cuba, nem contra viado, pior seria ouvir um "vai pra casa explicar esse lance de proteger quem roubou o povo, querido".

Isso não é um problema só do Leblon, infelizmente. A arte da cafetinagem está difundida nos melhores estratos da sociedade — e não só como cafetinagem da arte. Na corte suprema do país, por exemplo, a coreografia é até mais frenética. O rebolado vai até o chão — ou até onde for preciso.

Só a parceria dos supremos companheiros com o ex-procurador-geral Janot daria uma ópera. Também conhecido nas redes sociais como Enganot, o homem das flechas bêbadas contra o Palácio do Planalto já foi uma flor de pessoa — mais exatamente quando o poder era o PT.

Não havia aquele corre-corre para homologar delação fajuta com o ministro Facinho — codinome de Fachin nas redes. No governo Dilma, Enganot foi o doce tenor do "cadê as provas" — um bravo zagueiro rebatedor das evidências da Lava Jato contra a presidenta mulher.

Naquela época, entre os supremos parasitas da lenda, já brilhava a estrela de Luís Roberto Barroso — cujo cartão de visitas foi uma bonita homenagem aos mensaleiros, decretando que a quadrilha não era quadrilha.

Essa intervenção corajosa permitiria outros atos históricos do mesmo autor, como soltar José Dirceu.

MPB e STF parecem siglas gêmeas, mas não querem dizer a mesma coisa. Embora ambas tenham três letras e usem a mesma maquiagem popular, os integrantes da segunda usam a erudição para rasurar a lei — que substituem por versos de porta de banheiro.

O *Manual* reconhece na vulgaridade sofisticada uma forma superior de covardia.

* * *

Não fosse a ousadia dessa gente, seria muito mais embaraçoso para Lula e seus acólitos anônimos continuarem se fantasiando de idealistas de esquerda (apenas substituindo o sonho igualitário pelo parasitário). Ia pegar mal.

Não haveria clima, por exemplo, para se batizar um viaduto em São Paulo com o nome de Marisa Letícia — um belo tributo à ex-primeira-dama que popularizou o triplex no Brasil. Quando viu a homenagem, o filho do Brasil correu para o banheiro e retomou sua psicanálise:

"Espelho, espelho meu: se a Marisa já é até nome de viaduto, eu não vou preso, né?"

"Não faz pergunta difícil, companheiro. O nome dela tá no viaduto, mas tá no pedalinho também, correto?"

"Porra, espelho... Tá de sacanagem? Eu já falei pra todo mundo que o meu sítio não é meu. E que o meu triplex também não é meu. Tá dormindo?"

"Então esse espelho também não é seu, malandragem. Cansei. Quer moleza? Vai falar com o Delfim."

Mesmo abandonado de maneira sórdida por seu próprio espelho, o filho do Brasil seguiu seu último conselho e foi procurar Delfim Netto, o guru dos pobres milionários.

Os brasileiros tinham engolido bem aquela lenda do economista genial da ditadura rendido aos encantos do operário progressista — mas dessa vez Delfim estava chateado. A polícia tinha batido no seu escritório para investigar o recebimento de mesadas do PT.

Era só o que faltava à literatura da Lava Jato: um guru de aluguel.

Delfim tinha passado quase 20 anos dizendo coisas lindas sobre o petismo no poder — mais leal que um espelho adestrado — e agora a polícia rastreava o preço do amor: dividendos de grandes negociatas como a usina de Belo Monte.

Enquanto os brasileiros se distraíam no playground discutindo direita x esquerda e o sexo dos anjos, o filho do Brasil e o filhote da ditadura mandavam ver na suíte presidencial, sem culpa e sem tabu.

Com a cruel divulgação das cenas íntimas, o teatrinho do oráculo conservador pregando em favor do líder revolucionário perdeu a graça. Nem Delfim estava mais disposto a dizer a Lula que ele era o cara. Liga pro Obama, companheiro.

O filho do Brasil achou mais seguro ligar para Dilma, a enteada do Brasil. Ela não disse nada com nada, mas ofereceu mandar o Bessias com um papel.

Lula mandou o Bessias, o papel e a enteada para um lugar impublicável muito além de Atibaia, e foi pedir socorro no único lugar onde poderiam transformar sua prisão em golpe: o covil das togas encantadas.

Mas isso já é a próxima Lição.

LIÇÃO Nº 2

O golpe

e a resistência cenográfica

Parecia cena da ditadura militar, mas a patrulha era a própria plateia, que parou a peça no grito pela honra dos generais de estrela vermelha.

Os brasileiros receberam a notícia de que o Festival de Berlim 2018 aplaudiu de pé o filme sobre Dilma Rousseff. Pode-se imaginar. Até o Muro, que tinha caído, se levantou para aplaudir a obra revolucionária. Não há classe mais unida que a dos mortos-vivos.

Nesta segunda Lição, o *Manual do covarde* mostra como usar a rede mundial de solidariedade cenográfica para transformar lixo em ouro, delinquência em resistência, parasita em heroína.

Cuidado: cenas fortes a seguir.

Dilma, o filme, é um projeto simples e genial. Consistiu em inserir no julgamento do impeachment da presidenta mulher todas aquelas almas penadas que passaram 13 anos depenando o Brasil — e captá-las chorando, gritando e esperneando para as câmeras contra o golpe da elite branca.

Ficou bonito. Berlim foi às lágrimas, e você também iria, ao saber que Dilma Rousseff, a testa de ferro do assalto bilionário, foi reciclada como vítima progressista do Terceiro Mundo.

Felizmente não foi mostrado o que havia por sob a testa de ferro. Tudo tem limite.

O covil das togas encantadas (ver Lição 1) tem papel central nessa história bonita — daí ter virado a última esperança de Lula contra sua prisão. Por um motivo simples: foram os supremos companheiros que mantiveram, por anos, o filho e a enteada do Brasil longe da polícia.

Como assim?

Bem, os fantasmas do Muro de Berlim e as assombrações de Cannes, lideradas por Sonia Braga contra o golpe, não devem ter visto a gargalhada do humorista inglês John Oliver ao falar de Dilma. Ainda bem. Talvez não suportassem saber que, além da presidenta mulher, a piada era a suprema corte brasileira.

Em dobradinha com o companheiro Rodrigo Janot — aquele que substituiu Jimi Hendrix no Woodstock do balneário —, o STF matou no peito a negociata de Pasadena (para usar a expressão do ministro Luiz Fux ao padrinho Dirceu).

A Lava Jato mostrou que a compra superfaturada da refinaria americana, assinada pela própria Sra. Rousseff (no Conselho da Petrobras), era parte do roubo do petrolão. Repetindo sua posição em relação a todos — todos — os delitos envolvendo a grande dama, o STF respondeu que não havia motivos para investigá-la.

Foi aí que John Oliver riu.

Felizmente a imprensa internacional não se encabulou com a risada do inglês na TV e continuou vendendo a história do golpe no Brasil — solidariedade a 1,99 (dólar, pelo menos).

Mas um grave incidente quase pôs tudo a perder. A lenda ficou por um fio.

* * *

Nestor Cerveró, o diretor da Petrobras que operou a negociata de Pasadena, pau mandado de Lula e Dilma no petrolão, foi preso e condenado. Até aí tudo bem.

O PT ainda era governo e dizia estar revelando a corrupção dos antecessores (não se esqueça: desinibição é tudo).

Só que Cerveró deu defeito. Viu que ia mofar sozinho e mandou recado aos cardeais da pobreza palaciana: ia dar com a língua nos dentes.

Instantaneamente foi montado um plano de libertação e fuga de Cerveró para a Espanha. O líder do governo no Congresso, senador Delcídio do Amaral, falando em nome de Lula e Dilma, garantiu que acertaria tudo com o Supremo Tribunal Federal.

Mas o filho de Cerveró gravou e achou melhor jogar no ventilador.

Foi um barata-voa no covil das togas encantadas. Suas eminências se transfiguraram em uivos de dignidade e piruetas de honradez, jurando por seus contracheques vitalícios serem mais justos que a própria Justiça.

Prenderam o senador.

Agora estava claro que Dilma cometera, entre outros, crime de responsabilidade por complacência com subalternos corruptos — e que estava, com a cúpula do PT, usando os tribunais superiores para obstruir a Lava Jato.

Fim de papo? Nada disso.

Regra de ouro do *Manual do covarde*: se tudo der errado, espere as manchetes esfriarem e volte a agir como se nada tivesse acontecido.

Não falha.

Foi exatamente o que os supremos virtuosos fizeram — liderados pelo companheiro Barroso, dono do melhor *make up* da casa. Greta Garbo não sabia o que era exuberância.

No que baixou a poeira do Caso Delcídio, meteram o bisturi no processo de impeachment, que começava a tramitar no Congresso.

A intervenção no rito de outro poder da República, sem perder a ternura, dava ao governo Dilma sua enésima chance de se defender do preconceito contra a mulher — e de escapar dos homens da lei.

Um governo sem cabeça acaba caindo de podre, e a essa altura todos já sabiam o final do filme. Aí se impôs a ideia de investir no roteiro do golpe.

Janot soltava suas listas ecumênicas, transformando todo mundo em suspeito para embaçar a cena. Efeitos especiais de cinema nacional — Berlim haveria de compreender.

O Nobel da Paz Adolfo Pérez Esquivel foi ao Senado denunciar o golpe de Estado. Infelizmente o escritor argentino não pôde ficar para acompanhar a atração seguinte — o desfile dos crimes de Dilma, em quatro horas de leitura tediosa do relatório do impeachment.

Os editoriais do *New York Times* se revezavam com o papa Francisco na defesa estoica do bando petista, denunciando ao mundo a ruptura institucional no Brasil.

Não explicavam a tal ruptura, mas não precisava: todo mundo sabe que tolher quem está roubando honestamente é golpe.

Além de um belíssimo filme *noir*, esse roteiro emocionante rendeu uma conquista preciosa para a imensa população de usuários do *Manual do covarde*.

Guarde a cena para sempre: em drible antológico na Constituição, o companheiro Ricardo Lewandowski, presidente do STF, do processo de impeachment e dos corações petistas que o puseram lá, manteve os direitos políticos da presidenta mulher deposta.

Tradução exclusiva do *Manual*: se te pegarem com a mão na massa, isso não afeta em nada sua candidatura a vítima do sistema.

Em outras palavras: pode continuar contando história triste por aí, vivendo disso e alimentando toda a rede mundial de solidariedade cenográfica.

História não é nada — importante é a lenda. E aqui você fica sabendo como a bala que matou Getúlio Vargas quase acertou Dilma Rousseff.

Chicago não aguenta

Os últimos dias da criatura de Lula no poder foram épicos. Ela telefonava para senadores que não a atendiam, propunha plebiscitos que seu partido ignorava, fazia comícios para claques mal ensaiadas com uma confiança impressionante.

Como era possível? Como manter uma feição de primeiro dia de governo às vésperas da degola e já tendo virado piada nacional — com estocagem de vento, mulher sapiens, saudação à mandioca e inúmeros outros hits?

Dentre as teses que circularam para explicar a postura confiante de Dilma a caminho do brejo, vale destacar a mais exótica: ela não tinha noção do que estava acontecendo — não exatamente na saída do palácio, mas desde que chegou lá.

Obs.: em se tratando de personagens bizarros, uma tese exótica pode ser uma apoteose de lucidez.

"Eles não me obrigaram a me suicidar como o Getúlio", discursou a presidente afastada, explicando que escapou do destino trágico "porque tem uma democracia aqui, que lutamos para construir."

Não é uma boa comparação. Getúlio Vargas era muito mais fácil de derrubar, porque seus poderes eram limitados. Para se ter uma ideia, nem estocar vento ele sabia.

E o caudilho gaúcho ainda completava todas as frases, o que fazia dele um sujeito óbvio — ao contrário da mulher sapiens, capaz de uma surpresa a cada sentença.

Como suicidar uma pessoa assim?

Acompanhe o raciocínio exuberante: ela estava sofrendo um golpe de Estado, mas não precisaria se matar porque estava numa democracia.

Pensando bem, todo golpe de Estado deveria ser assim, sem afetar a normalidade democrática. Tipo um suicídio sem morte. Getúlio não sabia de nada.

E foi assim que a presidenta mulher resolveu participar, ela mesma, do golpe democrático que salvou sua vida: anunciou sua ida ao Senado para se defender no processo de impeachment — que, conforme ela já tinha informado ao mundo, era uma conspiração sórdida.

Ou seja: Dilma aderiu à conspiração contra ela própria. Não há paralelo na História.

"Não vou lá (no Senado) porque acredito nos meus belos olhos, mas, sim, na democracia", discursou a golpeada, com invejável modéstia. Vai ver foi por isso que ela entrou no assalto petista pregando honestidade. Uma coisa não tem nada a ver com a outra.

E foi no Senado Federal que a resistência democrática em defesa da quadrilha teve um dos seus momentos de glória. A defesa daquele governo probo e injustiçado encomendou uma perícia para analisar o processo de impeachment.

Desde o caso PC Farias o país não tinha uma perícia tão popular.

E se os brasileiros acreditaram por um bom tempo que o assassinato do operador de Collor, uma das mais flagrantes queimas de arquivo da República, foi crime passional... Quem sabe poderiam engolir também que Dilma não pedalou.

Dessa vez, a grande sacada dos peritos foi demonstrar que, nas ocorrências de fraude contábil — as chamadas pedaladas fiscais —, não havia nenhum registro de autorização de Dilma para tais operações.

É sempre desagradável atrapalhar a narrativa coitada, mas este *Manual* foi concebido para ensinar você a enganar os outros — então aprenda a enganar direito.

É claro que não aparece uma assinatura da presidenta mulher mandando pedalar, porque a pedalada é justamente não assinar nada — não pagar uma dívida.

Foi assim que Dilma avançou gentilmente sobre o dinheiro do contribuinte, deixando de repassar algumas dezenas de bilhões de reais, segundo o Tribunal de Contas, do Tesouro para o Banco do Brasil, o BNDES e a Caixa.

Ou seja: o governo golpeado da enteada do Brasil forçou instituições controladas por ele a lhe conceder crédito (em quantias monumentais) — e isso é crime fiscal.

Talvez a perícia esperasse encontrar um ato da Sra. Rousseff do tipo "Autorizo meus capangas no Tesouro Nacional a pedalar as dívidas com os bancos públicos".

Melhor seria advogar que, num governo sem cabeça, ninguém pode responder por nada.

* * *

Ainda assim, os legistas da revolução confirmaram o crime de Dilma na edição dos decretos de crédito suplementar, não autorizados pelo Congresso Nacional.

"Ah, então foi só isso?!", perguntou a claque do golpe.

Cláusula pétrea do *Manual do covarde*: a malandragem intelectual é a mãe de todas as virtudes.

Exemplo: com a pergunta acima, surgida após a perícia revolucionária, o governo que perpetrou o maior assalto da República, e inventou a contabilidade criativa para ludibriar o contribuinte, vira o autor de uma infração reles — um trombadinha simpático.

O bom da malandragem intelectual é que ela tem sete vidas. Dilma caiu assim mesmo, mas a tese malandra ficou armazenada na nuvem — e até Fernando Henrique já usou, num desses retoques que dá na tintura progressista.

Tem lá seu charme dizer que a deposição do governo adversário foi manobra política. Todos os afagos de FHC em Lula obedecem a esse cálculo científico: você fica parecendo magnânimo e meio de esquerda, é bem legal.

A estratégia de reduzir a roubalheira a um soluço contábil serve também para dizer que, se for assim, todos os presidentes sofreriam impeachment. É a doutrina de Lula no mensalão: caixa dois todo mundo faz.

O problema é que, depois de instituída a Lei de Responsabilidade Fiscal, só o governo do PT cometeu esse crime. Até porque, antes dele, o Tesouro Nacional e a Casa da Mãe Joana ainda não funcionavam no mesmo lugar.

Por uma manobra de Eduardo Cunha, os crimes da Lava Jato não entraram no processo de afastamento da pobre companheira golpeada — mas estão todos lá, muito bem expostos no pedido de impeachment.

Ou seja: Eduardo Cunha é o maior aliado da lenda do golpe.

Portanto, toda vez que você usar essa palavra, que inclusive te ajuda a evocar o fantasma da ditadura militar (a assombração mais lucrativa do Brasil), agradeça de joelhos a esse grande brasileiro.

Assim como o Rock in Rio e o carnaval, a Flip também saiu em defesa da quadrilha do bem — com a vantagem de, sendo um evento de intelectuais, pronunciar corretamente a palavra golpe. Os literatos combateram a exclusão da letra do meio e emocionaram a plateia, inconformada com a interrupção do assalto que encantou a elite cultural.

Este *Manual* também está na campanha contra a escalada do ódio e deixa aqui uma nota de solidariedade a esses incansáveis guardiões da democracia:

Não desanimem, porque o PT não está sozinho na História. O companheiro Al Capone passou pelo mesmíssimo problema.

Eliot Ness, o golpista da época, pegou o gângster, assassino e facínora de Chicago por uma fraude contra o imposto de renda. A máfia fez exatamente a mesma pergunta que vocês:

"Ah, então foi só isso?!"

Claro que, se citarmos toda a coleção de crimes do governo imaculado da Sra. Rousseff, Chicago não aguenta. Em respeito às memórias de Al Capone e Getúlio Vargas, amadores no mundo do crime e da política respectivamente, fiquemos só nas pedaladas passionais.

Malandro é malandro, mané é mané.

O Pagador de Palestras

Antes de chegar ao cinema, o drama do golpe contra a presidenta mulher — que levantou o Muro de Berlim — provocou alvoroço no teatro. Mas aí o tempo fechou.

A classe artística está cansada de saber que a sua liberdade acaba onde começa a lenda coitada. Só que de vez em quando alguém se distrai e peca contra uma vaca sagrada — no caso, a que estava sofrendo impeachment.

Nas linhas que se seguem, você aprenderá o que acontece com quem acha que pode falar o que quiser em cima de um palco.

O ator e diretor de musicais Claudio Botelho, se apresentando em Belo Horizonte, improvisou em cena falando da deposição de uma presidente e da possível prisão de um ex-presidente. A peça acabou ali.

Não é força de expressão: o elenco foi obrigado a interromper o espetáculo e se mandar do teatro.

Parece cena da ditadura militar, dessas que são heroicamente repetidas por décadas nos livros e nos jornais, mas não havia fardas. Nem armas. A patrulha era a própria plateia, que marchou aos berros contra o artista pela honra dos generais de estrela vermelha.

Claudio Botelho contou como foi:

"O público começou a descer em direção ao palco, com punhos em riste, me chamando de direitista, fascista. Foi ficando violento."

A operação de intimidação foi um sucesso. E, para matar de vez a saudade dos anos de chumbo, veio a censura: Chico Buarque proibiu, no dia seguinte, que Botelho continuasse usando músicas suas no espetáculo — ou em qualquer espetáculo que viesse a montar no futuro.

Punição sumária e implacável — uma junta militar não agiria com tanta precisão.

Ao subversivo Claudio Botelho restou a perplexidade:

"A gente conquistou a liberdade a duras penas. Já acabou?"

Já, companheiro. A não ser que você seja bonzinho e não atrapalhe o conto de fadas dessa gente humilde. Aí você pode falar o que quiser.

Por que, em vez dessas citações inconvenientes, você não monta uma ópera sobre o maior palestrante do mundo?

Que personagem épico da história universal já faturou quase R$ 30 milhões em palestras em pouco mais de três anos — com todos os pagadores dessas palestras tendo ido parar no xadrez?

O Pagador de Palestras — eis um bom título para a continuação da sua ópera.

Os democratas que defenderam com unhas, dentes e berros o mandato limpo e exemplar de Dilma Rousseff são assim mesmo — gostam de ajudar o próximo a entender o que pode falar.

Quando Cuba ainda não tinha servido cafezinho para Obama, uma oposicionista do regime de Fidel esteve no Brasil para expor suas ideias. Mas precisou voltar à ditadura cubana para continuar a expô-las, porque no Brasil a democracia companheira não permitiu.

Yoani Sánchez sabe bem o que Claudio Botelho passou, porque a claque democrata também a colocou no paredão — garantindo que ninguém pudesse ouvir sua voz, nem ela mesma.

Esse tipo de ação democrática é muito comum em regimes livres e humanitários como o talibã e o Estado Islâmico. Felizmente Botelho conseguiu manter a cabeça no lugar.

Sergio Moro também.

* * *

O juiz Sergio Moro foi o grande culpado por essa confusão que a democracia do cala a boca se armou para combater. Tudo estava funcionando muito bem, com as comissões sendo pagas em dia e ninguém roubando o pixuleco de ninguém, até que o juiz golpista apareceu.

Moro destruiu, por exemplo, o departamento de operações estruturadas da Odebrecht, que distribuía renda farta aos brasileiros com estrelinha na lapela. Um crime.

Como disse Renato Duque ao ser preso, "que país é esse?"

Que país é esse onde a maior empresa nacional não pode encher de felicidade as almas mais honestas?

Moro é um invejoso. Provavelmente não se conforma por não ser dele a obra mais espetacular dos últimos 50 anos — a transformação do melhor ciclo econômico do país na mais grave recessão da sua história.

Por isso esse juiz autoritário passou a bisbilhotar as conversas de Lula, através de escutas telefônicas: queria aprender como se monta uma ruína nacional. Só pode ser isso.

A patrulha da bondade ficou furiosa quando Moro decidiu suspender o sigilo das escutas — e o país passou a ouvir barbaridades. É muita falta de respeito com o Brasil mostrar Lula como ele é.

Um juiz criminal pode divulgar escutas telefônicas se isso evitar que o investigado obstrua a investigação — coincidentemente o que o criador estava tentando fazer com a criatura. É o que diz a lei.

Mas o que é a lei dos homens diante do criador?

Depois de muito berro e conspiração — armas da resistência democrática contra o golpe —, o covil das togas encantadas resolveu o problema: o processo contra Lula por tentativa de comprar o silêncio de Nestor Cerveró foi parar longe das mãos de Sergio Moro.

O argumento do STF para mandar o processo para a Justiça federal de Brasília foi cirúrgico: o suposto delito de Lula denunciado pelo senador cassado Delcídio do Amaral não estava no âmbito da Lava Jato.

Perfeito: o ex-diretor da Petrobras Nestor Cerveró foi condenado no escândalo do petrolão, investigado pela Lava Jato, mas a tentativa de um ex-presidente de impedir que o condenado contasse o que sabia sobre o escândalo investigado pela Lava Jato não tinha nada a ver com a investigação conduzida pela Lava Jato.

Claro como petróleo roubado.

Ficou tudo bem e o Ministério Público Federal, então sob a liderança infalível do companheiro Rodrigo Janot, não tardou em pedir a absolvição de Lula no caso.

Autor de belas coreografias para bagunçar o processo de impeachment — como as famosas Listas de Janot, que punham a República inteira sob suspeita, refrescando a quadrilha —, o procurador-geral aproveitou o embalo e recomendou o perdão a José Dirceu pelos crimes do mensalão.

Detalhe sublime: Janot pediu perdão para Dirceu no exato momento em que Moro o tornava réu pela segunda vez na Lava Jato.

Ficou alguma dúvida? Um ladrão progressista que roubou o povo honestamente num escândalo e continuou roubando, coerentemente, no escândalo seguinte, não merece outra coisa que não o perdão.

Conclusão: Moro golpista.

Agora um rápido teste do *Manual do covarde* para você checar se está compreendendo a Lição:

— O pedido de perdão a Dirceu foi recebido, no STF, por Luís Roberto Barroso. Ele aceitou ou negou?

Resultado:

a) Se você pensou por mais de 5 segundos, volte à Lição 1;
b) Se você pensou por mais de 10 segundos, tente uma vaga no STF;
c) Se você pensou por mais de 30 segundos, peça ajuda à Dilma.

Fracassa o fim do mundo

Se o golpe contra a presidenta mulher teve seus momentos cinematográficos e teatrais, houve também a apoteose musical — ou se poderia dizer circense, por ter como palco o STF.

A posse de Cármen Lúcia na presidência da corte foi um autêntico baile de máscaras.

Lá estavam, sorridentes, diversos personagens da política, das artes e da militância revolucionária que haviam guerreado furiosamente contra o impeachment — processo presidido coincidentemente pelo próprio STF, provedor dos quitutes que os revolucionários agora saboreavam numa boa.

Detalhe picante: o convescote no Supremo se deu menos de duas semanas após a deposição de Dilma.

Ou seja: foi o primeiro golpe fraterno da história — absolutamente democrático, republicano, culminando numa grande festa entre golpistas e golpeados.

Pena que isso o *New York Times* não viu.

A solenidade teve até uma seresta de Caetano Veloso para Carminha — a mesma Carminha que tinha feito sucesso com o brado "cala a boca já morreu", ao derrubar a censura sobre biografias não autorizadas, defendida pela turma de... Caetano Veloso.

Enfim, o pessoal da MPB que queria censurar livros e barrar um processo legal de impeachment, duas causas sepultadas dentro do STF, estava agora exatamente ali: dentro do STF — e se divertindo a valer.

O *Manual do covarde* adverte: não faça julgamentos precipitados. Há total coerência na ação desses personagens — você que é um amador. Aguarde a Lição 3 para entender toda a beleza da coreografia.

O fato é que a rave dos mascarados ficou mais animada com a mulher sapiens fora do palácio.

Ela nunca ficara realmente à vontade com a fantasia de presidenta, gerenta, governanta etc. — sentia como se tivesse roubado o figurino de alguém. E todo o elenco sofria com aquelas máscaras de governistas do contra — os primeiros poderosos oprimidos da história. Uma máscara dessas pesa.

Pena que o título do filme não foi esse, mas foi o que aconteceu: Dilma afundou o país e foi à praia.

Menos de um mês depois de enxotada do governo, não podendo mais pedalar as contas do contribuinte, ela apareceu pedalando sua bicicleta em Ipanema. Foi ao Leblon e voltou tranquilamente, sem sobressaltos, como se estivesse roubando a Petrobras.

É claro que, se não fosse o trabalho formidável da resistência cenográfica, com toda essa gente famosa e estridente embelezando a lenda do golpe, a ex-despachante da quadrilha não poderia pôr nem um pezinho na rua.

O passeio à beira-mar não era uma homenagem ao traficante de mesmo nome, mas eles não precisam disso para estrelar as páginas policiais: enquanto Dilma pedalava, a PF providenciava a prisão de seu ex-ministro da Fazenda, Guido Mantega.

Não teve problema algum. O teste da nova garota de Ipanema (cada tempo com seu ícone) foi um sucesso mesmo assim.

Ou seja: caminho livre para investir a fortuna roubada numa guerrilha de oposição contra o poder do homem branco — especialidade da casa.

Mas quem cairia de novo nesse truque, pergunta você, depois de tudo que a Lava Jato mostrou? Depois de todos os flagrantes de uso da suposta bondade para abusar do povo, como padres pedófilos da política?

Resposta: caso você repita essa pergunta tola, o corretivo previsto no *Manual* é a leitura de uma ata de assembleia do PSOL, no original e na íntegra.

Enquanto isso, deguste a cena: um comitê de resistência ao golpe de Estado ocupou o Canecão, a casa de shows carioca desativada, para dali disparar petardos culturais em defesa de Dilma, a musa dos intelectuais.

Foi de arrepiar.

Pergunta impertinente e fora de hora: por que o Canecão, palco histórico da música brasileira e internacional no coração do Rio, estava fechado por quase uma década?

Tire as crianças da sala: porque os generais de estrelinha vermelha mandaram fechar, ainda no governo Lula, fingindo defender a universidade pública (titular do terreno) dos capitalistas gananciosos do *showbis*.

Resultado: o templo da música virou um criatório da dengue. Mais um túmulo da revolução imaginária do PT, o anjo exterminador.

Infelizmente os artistas e intelectuais da resistência democrática só notaram o golpe contra o Canecão quase dez anos depois — coincidentemente quando o PT teve que largar o osso.

A consciência cultural dos heróis foi aplaudida de pé pelo mosquito da dengue.

Se contentam com pouco, esses mosquitos. Eles precisavam ver um show internacional — como o que a ONU daria logo depois, em prol da nova garota de Ipanema.

* * *

Quando o Brasil foi às ruas pedir gentilmente ao governo petista que desencravasse os caninos do seu pescoço — afinal, 13 anos de sangue já era um estoque e tanto —, se deu nos bastidores o esperado: a banda não estelionatária do país começou a reunir suas ideias.

Surgiu daí um plano, a ser oferecido ao sucessor de Dilma, batizado de "Ponte para o futuro" — um nome pomposo para descupinização da casa.

Tratava-se basicamente de reorganizar as contas públicas, resgatando-as do moderno sistema de assalto partidário e devolvendo-as ao Estado — esse grande anexo do PT que agora voltaria a ser só a representação da coletividade.

Assim como Itamar Franco fez com a equipe do Plano Real, Michel Temer aceitou o plano e chamou os técnicos para executá-lo.

Uma das medidas centrais era a criação de um teto de gastos para os governos — cortando a alegria das pedaladas, contabilidades criativas e outras doces irresponsabilidades fiscais da DisneyLula.

Aí a ONU gritou.

Assim como o papa Francisco e o *New York Times*, a Organização das Nações Unidas já vinha expressando preocupação com os acontecimentos no Brasil — ou seja, com a perseguição cruel à quadrilha indefesa do PT.

Para piorar, no que os picaretas simpáticos perderam o poder, os indicadores de inflação, juros, câmbio e risco passaram a melhorar rapidamente — culpa de uma equipe técnica sem o menor charme terceiro-mundista.

Como soltar *papers* salvacionistas de Genebra com uma gente chata dessas organizando tudo?

Pau neles.

A emenda constitucional do teto de gastos — a PEC do Teto — ajudaria a cortar o derrame de dinheiro público pelas gestões demagógicas, e aí o caldo entornou: mexeu com a demagogia, mexeu com a ONU.

Às vésperas da votação da medida no Congresso, surgiu uma declaração do relator especial das Nações Unidas para a extrema pobreza e os direitos humanos, Philip Alston, alertando que a PEC do Teto iria elevar “os níveis de desigualdade em uma sociedade já extremamente desigual”.

Cirúrgico. A lamentar apenas o fato de que, nos 13 anos em que o PT acabou com a desigualdade das contas públicas (jogando todas no buraco), produziu a maior recessão da história e empobreceu democraticamente a sociedade inteira, Alston estava de férias.

Quem também voltou de uma licença de 13 anos foi a relatora especial sobre direito à educação da ONU, Koumbou Boly Barry. E voltou com tudo: foi logo avisando que a PEC ameaçava o direito das crianças brasileiras irem à escola.

Sentiu a pegada? Como se diz na diplomacia de várzea: se é pra bater, da cintura pra cima é tudo canela.

Não tem problema você fingir que uma medida de organização orçamentária vai prejudicar a infância pobre, se isso render boa mídia. E, convenhamos, essa infância pobre está num país lá na ponte que partiu e você não tem nada com isso.

A Organização das Nações Unidas não tinha tempo a perder. Com os guerreiros da lenda terceiro-mundista quase todos a caminho do xadrez, o humanismo de gabinete corria sérios riscos.

Nessas horas, o mundo teme o pior: um imenso contingente de burocratas da salvação abandonados em Nova York, sem um único release comovente para soltar, engolindo em silêncio aqueles banquetes fartos e intermináveis.

É muito sofrimento. Foi assim que a ONU aderiu à campanha contra a "PEC do Fim do Mundo" — apelido criado pela quadrilha da resistência democrática e perfeito para a entidade internacional, divulgadora oficial do Apocalipse.

No final das contas, para imensa frustração dessa gente sofrida e empanturrada, a PEC foi aprovada e o fim do mundo ficou para a próxima. (Ver Lição 3.)

Agora você verá como se faz um Apocalipse de verdade. E entenderá que não é fácil desmontar um presépio de pobres coitados que têm um cheque especial do tamanho da Petrobras.

LIÇÃO Nº 3

A Operação Janoesley
e a reconstrução da virgindade

Free-Boy foi exilado em Manhattan, em plena primavera nova-iorquina, jogado como um indigente em seu apartamento na 5ª Avenida.

O mundo acabou no dia 17 de maio de 2017. E acabou ao vivo, em tempo real, com um tsunami de porta-vozes no rádio, na TV e na internet anunciando a bomba atômica.

O elemento detonador do fim do mundo foi a notícia de que Michel Temer, o presidente branco e velho que ficou no lugar da presidenta mulher e golpeada, havia comprado o silêncio de Eduardo Cunha — preso por corrupção.

Foi um Deus nos acuda. Não se via um ataque tão assustador ao planeta Terra desde a célebre invasão dos marcianos narrada no rádio por Orson Welles.

E, assim como no fim do mundo de 1938, o pânico em 2017 levou ao mesmo erro coletivo: ninguém foi entrevistar os marcianos.

O líder das criaturas esverdeadas, dessa vez, ostentava uma franja prateada indestrutível, usava gravata e se chamava Rodrigo Janot — Enganot para os íntimos, incluindo você, que já o conhece desde a Lição 1, quando ele substituiu Jimi Hendrix no Woodstock da Barra da Tijuca (esses marcianos são muito versáteis).

O atentado ao planeta de 1938 passaria à história como um prodígio de encenação, e o de 2017 também — sem o prodígio.

De qualquer forma, ambos marcaram o triunfo da imaginação: o presidente da República mandando o empresário picareta pagar o "cala a boca" ao deputado preso — o superenredo de Rodrigo Enganot — só não fez tanto sucesso porque Orson Welles não estava mais aí para narrar.

E o que é um grande enredo na encenação apenas esforçada de um canastrão?

Quando o público começou a desconfiar de que o tal silêncio comprado só existia na cabeça de Enganot (na gravação do presidente com o empresário pilantra ninguém conseguia encontrar esse detalhe), o mundo já estava girando ao contrário, em alta velocidade, havia umas 48 horas.

O primeiro efeito da rotação invertida da Terra foi a reabilitação do PT. Coisa do outro mundo.

Reveja em câmera lenta: antes da bomba de Enganot e seus alienígenas, a Lava Jato acabara de colher a delação de João Santana, o marqueteiro da revolução (nota do *Manual*: numa revolução de marketing, o marqueteiro é o general).

Presos em Curitiba, Santana e sua mulher, Monica Moura, basicamente entregaram Lula e Dilma. Contaram com detalhes como o petrolão era regido de dentro do Palácio, através das propinas de empreiteiras fantasiadas de doações ao partido — a prostituição do caixa um.

Era o fim da linha. Só que não.

Veio o apocalipse de Enganot e fez o maior assalto da história sumir na nuvem radioativa.

Nos dias e meses que se seguiram, ninguém mais se lembraria de João Santana — o general da banda que estava abrindo caminho para Dilma e Lula rumo à cadeia. O STF (que você já entendeu o que é) aproveitou para sentar em cima das provas colhidas com Monica Moura.

Os celulares, notebooks e cadernos de notas dos marqueteiros ficaram guardadinhos na suprema geladeira, a salvo da Polícia Federal. Contando, ninguém acredita. Nem se fosse o Orson Welles.

Calma que o melhor vem agora (com o STF, o melhor sempre está por vir).

Você naturalmente se lembra do escudo inoxidável em torno de Dilma — aquele à prova de refinaria oxidável (a "ruivinha" de Pasadena), comprada com o selo Rousseff de fraude: em três anos de Lava Jato, com a escatologia petista a céu aberto, o STF garantiu a virgindade da presidenta mulher.

Mas bastou a descoberta imaginária de Rodrigo Enganot, baseada numa gravação clandestina e não periciada, sem participação da PF ou da força-tarefa da Lava Jato, para o Supremo autorizar em 24 horas a abertura de inquérito contra o presidente branco e velho.

O operador do milagre foi o ministro Edson Fachin, nomeado para a corte por seus belos olhos, por fazer comícios para Dilma e por andar com lobistas da JBS, não necessariamente nessa ordem. JBS era o grupo do empresário que gravou o presidente.

Com a homologação sumária da delação do empresário picareta — que acabaria suspensa meses depois —, Fachin ganharia o apelido carinhoso de Facinho. Mas Facinho não seria nada sem Carminha.

Foi Cármen Lúcia, a presidente do STF, quem empurrou na mão grande a relatoria do caso para o juiz certo, que tinha as amizades certas.

E assim Carminha se tornou a fada-madrinha do fim do mundo, abençoando a fuga espetacular de Joesley — o tal empresário picareta — para Nova York, junto com seu irmão e cúmplice Wesley, os heróis do conto de Enganot.

Na Lição 2, o *Manual do covarde* prometeu mostrar a coerência do STF e da MPB, as siglas gêmeas, naquela seresta estranha dos denunciantes do golpe dentro da corte que presidiu o alegado golpe. Então aqui está:

Carminha e Caetano, sócios na rotação planetária invertida, trazem o passado de volta num sensacional remake das Diretas Já — e reabilitam Lula, o bom ladrão.

Você não pode perder.

O Senhor Diretas (no queixo)

O remake das Diretas Já (versão "volta, Lula") foi encenado em Copacabana, dez dias após o fim do mundo, e emocionou a todos.

A Constituição não previa eleições em caso de impedimento do presidente, e o plano da derrubada dele estava confuso, dada a dificuldade dos marcianos de Enganot com o idioma local.

Mas nada disso importava.

A todo o momento saíam do forno pesquisas quentinhas mostrando que Lula estava em primeiro, que Lula estava no segundo turno, enfim, que Lula era o rei da cocada eleitoral — disparado com 100% de intenção de fugir da polícia.

Nesse clima bonito de conspiração cívica, o remake das Diretas foi um sucesso. Só houve um mal-estar.

Ao final do episódio — que teve o mesmo elenco das manifestações em defesa da quadrilha empoderada de Dilma Rousseff —, o cenário estava impecável. Isso não foi legal. Vitrines intactas, ônibus e orelhões idem.

Falha elementar de produção, que a família revolucionária de festim jamais perdoará.

Aí se vê como vida de *black bloc* não é fácil. Você passa uma existência sendo atiçado por freixos e caetanos, e, na hora da festa deles, não te deixam soltar um mísero rojão na cara de ninguém. Não é justo.

E não era só isso. A parte mais bacana, que é fustigar a boçalidade da polícia para descolar umas bombas de gás e brincar de *Os dias eram assim*, também foi cortada. É duro ter o seu talento cerceado a esse ponto e terminar na praia dançando música de protesto.

Mas um guerreiro tem que estar preparado para as provações mais duras. Caminhando e cantando e seguindo o cifrão.

O que ninguém podia negar era que, antes dessa genial sacada dramatúrgica, a vida nacional estava caminhando para o marasmo.

Inflação e juros caindo, níveis de risco idem, Petrobras saindo das emocionantes páginas policiais para a entediante seção de economia, reformas sendo tocadas por aqueles nerds que fazem tudo certinho e não são candidatos a nada.

Uma chatice.

Graças a Deus surgiram roteiros decentes, como a fuga cinematográfica do bilionário Joesley pelas mãos do companheiro Janot — operação que consagrou a dupla Janoesley. A emoção voltou.

Em meio ao turbilhão, porém, poucos notaram uma mensagem sutil: "Morreu mais um pintinho esta noite."

Podia parecer linguagem cifrada, nesse mundo embrutecido e mau, mas não era. A mensagem provinha do sítio de Atibaia, que não é do Lula. Devido à urgência, a notícia triste veio do galinheiro diretamente para o Instituto Lula, através do caseiro que não era do Lula.

Aí as lágrimas brotam: um homem que foi presidente da República se importar com a vida de um pintinho, num sítio que nem é dele... É de cortar o coração.

Ninguém ligou para essa mensagem repleta de significado, trazida pela Lava Jato, porque o mundo estava muito ocupado com o juízo final.

Mas a própria operação Janoesley era a prova de que Lula se importava com os animais — e não só com os pintinhos. Ele se preocupava também com as vaquinhas.

Foi por isso que mandou o BNDES — um banco até então insensível aos animais — ajudar na causa, depositando alguns bilhões de reais na boiada certa.

E valeu a pena. Com essa munição pesada, o caubói biônico do PT foi arremessado contra o governo branco e velho que ousou ocupar o palácio do filho do Brasil.

Não se pode confiar na justiça terrena (como se vê pela perseguição implacável a este homem do povo), mas a justiça divina não falha: a delação demolidora de João Santana virou um espirro, enquanto Lula e Dilma assistiam livres, leves e soltos ao bombardeio ao inimigo.

Deus ajuda quem ajuda os animais.

* * *

A falha imperdoável de produção no remake das Diretas Já em Copacabana, felizmente, não ocorreu em Brasília. A capital mostrou ao balneário como se faz um fim do mundo decente.

Aqueles ministérios que passaram 13 anos emocionando o Brasil — num enredo eletrizante protagonizado por Erenice Guerra, José Dirceu, Paulo Bernardo, Gleisi Hoffmann, Guido Mantega, Antonio Palocci e grande elenco enrolado com a polícia — andavam às moscas.

Ultimamente viam-se servidores públicos administrando e até obtendo resultados socioeconômicos — praticamente uma morte em vida.

Aí os revolucionários do povo perderam a paciência que tiveram nesses 13 anos dourados e cercaram a Esplanada. A direção de cena dessa vez foi impecável: os gladiadores da democracia tomaram uma dose redobrada da poção de mortadela e quebraram tudo.

Foi bonito de se ver. O Verissimo até falou que o Exército na rua lembrou a vida em 64! Viram como não é difícil produzir direito?

Dizem que no sensacional episódio "Brasília em chamas" a técnica de produção foi toda venezuelana.

É possível, sabendo-se que a junta democrática que estava tentando tomar o poder na mão grande (sem perder a ternura, só um pouquinho) incluía simpatizantes de Nicolás Maduro, conhecido como o Senhor Diretas (no queixo).

O *Manual do covarde* não ousaria criticar a Operação Janoesley, um colosso de pusilanimidade, mas deixa uma sugestão:

Se, na próxima, vocês substituírem a MPB pela guarda chavista, as Diretas Já passam na hora — não precisa nem de voto.

Está na cara que esse negócio de voto, regra e lei atrapalha — e foi pensando nisso que os artistas e intelectuais da resistência democrática lançaram sua nova campanha: alongar o mandato do conspirador--geral da República.

Eis uma falha deste *Manual*: você precisava ver a felicidade brotando sob a franja ortodoxa, e luzindo 50 tons de prata, no momento em que Enganot caiu nas graças da MPB.

Ficamos devendo esta foto.

A escolha do herói certo é tarefa mais complicada do que parece — mesmo que ele seja líder dos marcianos, sucessor de Orson Welles e clone de Jimi Hendrix. E aqui passamos a demonstrar os poderes mágicos de Rodrigo Enganot — como transformar roubo em poesia.

Que outro grande ícone foi capaz disso?

A pacificação do assalto

A campanha para dar um mandato sobressalente ao procurador-geral do apocalipse, também conhecida como "Janot forever", projetava três possíveis cenários pós-derrubada de Michel Temer:

1. Diretas Já, Lula Lá — se não aparecesse nenhum chato mandando cumprir a Constituição;
2. Entregar a Presidência da República a Cármen Lúcia, fada-madrinha do plano Janoesley e da MPB;
3. Entregar a Presidência da República a Rodrigo Janot, o despachante da boiada feliz.

Se os militares prorrogaram seu mandato no grito por 20 anos, os heróis da resistência democrática tinham direito de dar o troco inventando mandatos para o seu androide prateado — na Procuradoria ou na Presidência, onde colasse mais fácil.

As credenciais do candidato eram inquestionáveis.

Para se ter uma ideia, seu braço direito na Procuradoria-Geral foi o agente duplo que assessorou o grupo JBS na montagem da conspiração mais ousada e vagabunda da história — e não é qualquer um que reúne ousadia e vagabundagem com tanta dignidade.

Havia outro procurador contratado pelos maiores contratantes do país para lhes vazar informações da Lava Jato, mas, por um infortúnio, este foi preso.

E como escárnio é algo que não se receita com moderação, fique com essa:

Rodrigo Janot, o mesmo que passou três anos protegendo Dilma e cia. de Sergio Moro, agora era emoldurado por essa iluminada elite cultural como o "comandante da Lava Jato".

Detalhe sórdido: iluminados esses que praguejavam contra a mesma Lava Jato quando ela balançava o governo do PT.

Mas chega de sordidez e vamos à poesia prometida, que ninguém é de ferro.

Quando Dilma Rousseff ainda estava no cargo, o companheiro Janot mandou arquivar o pedido de investigação das contas da campanha dela. Já estava demonstrado o esquema do cartel de empreiteiras que fantasiava propina como doação eleitoral — e o tesoureiro Vaccari já estava preso por isso —, mas Janot não se comoveu.

Por uma coincidência impressionante, Dilma acabara de renovar o mandato do procurador-geral. Mas uma coisa não tem nada a ver com a outra.

O argumento central dele para barrar a investigação do maior contrabando eleitoral da República foi o seguinte: não se deveria atrapalhar "o esforço constitucional de pacificação social".

Corretíssimo. Se você tem um esquema de corrupção funcionando bem, e o povo acaba de reeleger a síndica do roubo, você não vai pôr em risco a paz de assaltantes e assaltados após tanto esforço constitucional para emplacar o truque.

O Tribunal Superior Eleitoral insistiu que as contas da campanha de Dilma deviam ser investigadas, dando o exemplo do caso da gráfica VTPB — que recebeu do PT 23 milhões de reais em três meses, com a peculiaridade de ser uma empresa fantasma.

Segundo o TSE, ali estava um indício claro de escoamento das propinas do petrolão.

Mas Janot não quis saber, e bateu o martelo pelo arquivamento com um despacho emocionante:

"Não interessa à sociedade que as controvérsias sobre a eleição se perpetuem: os eleitos devem poder usufruir das prerrogativas de seus cargos e do ônus que lhes sobrevêm. Os derrotados devem conhecer sua situação e se preparar para o próximo pleito."

Você pode achar que está reconhecendo aí o estilo literário de José Dirceu — especialmente no trecho em que manda os derrotados pelo PT irem chorar na cama que é lugar quente —, mas o *Manual* assevera, com sua autoridade em erudição de botequim: isso é puro Enganot.

Tome mais um gole:

"Destaco a inconveniência de serem, Justiça Eleitoral e Ministério Público Eleitoral, protagonistas — exagerados — do espetáculo da democracia, para o qual a Constituição trouxe, como atores principais, os candidatos e os eleitores."

O mais bacana é você ter a certeza de estar num país onde boa parte da plateia ficará excitadíssima com uma autoridade que escreve "espetáculo da democracia" num despacho técnico. O Brasil adora um ursinho de pelúcia.

E foram assim as primeiras piruetas do companheiro Enganot, na coreografia arrojada que menos de dois anos depois chegaria ao espetáculo do fim do mundo.

Mas nada disso teria sido possível sem a participação de outro herói discreto, um brasileiro disposto a tudo para salvar a sua gente.

* * *

Desde o lendário Luiz Inácio da Silva — o filho do Brasil — não se via nesta terra alguém tão determinado a sacrificar-se pelo bem comum: Joesley Batista. Talvez até já se possa dizer que o Brasil tem dois filhos.

Ninguém ganhou tantas manchetes neste país quanto o companheiro Joesley em maio de 2017. Nada mais justo. Está faltando um historiador corajoso o suficiente para constatar o óbvio: o Maio de 17 no Brasil foi mais revolucionário que o Maio de 68 na França.

Daniel Cohn-Bendit, o heroico líder das passeatas estudantis de 68, conhecido como Dani Le Rouge, tende a sumir dos livros de história com a consagração de Joesley Batista, o Jo Free-Boy. Le Rouge nem exilado foi.

Já o nosso Free-Boy teve que se exilar em Manhattan, em plena primavera nova-iorquina, jogado como um indigente em seu apartamento na 5ª Avenida, cercado por todos os lados de grifes milionárias e opressoras.

Felizmente, Jo Free-Boy não é um herói solitário. Além de Rodrigo Janot — o T-Enganot —, ele contava com a parceria do revolucionário Edson Fachin — o E-Facinho —, já apresentado aqui como o homologador mais rápido do Oeste, especialmente em caso de caubói biônico.

Agora você vai entender bem a importância desse guerreiro.

No mês que antecedeu o fim do mundo, João Santana colocara o Brasil naquela situação desagradável — inclusive afrontando a poesia de Enganot, ao jogar no ventilador o caixa petista que o procurador de pelúcia suara tanto para proteger.

Aí aconteceu o pior.

Marcelo Odebrecht, preso e interrogado, confirmou a Sergio Moro que a designação "amigo" nas planilhas de corrupção da empreiteira se referia ao tal Luiz Inácio, o "Lula".

Confirmando as suspeitas, esse Lula, que inclusive presidiu o Brasil um tempão, recebera pelo menos 40 milhões de reais de propina em espécie — só ele, pessoa física, e só da Odebrecht, fora os bilhões girando no caixa blindado pelos versos de Enganot.

Note a gravidade: o marqueteiro e mentor intelectual da transformação do Brasil num vasto e pródigo pasto ideológico, e o principal empresário fiador da DisneyLula, presos e contando tudo.

Abateu-se então sobre a nação, mística e gloriosa, a Lista de Fachin.

O ministro da carne fraca na suprema corte autorizava inquéritos contra Brasília inteira e além, obtendo os efeitos especiais preferidos do cinema nacional-populista: todo mundo no balaio da suspeição, político é tudo corrupto etc. — e os chefes do sequestro de 13 anos saindo de fininho da cena.

Foi uma jogada de mestre. Vendo o Brasil com os olhos cheios de areia, tateando para distinguir pinto de vaca, o trio de ouro Free-Boy, Facinho e Enganot meteu aquela narração que empurrou Orson Welles para a lata de lixo da história.

Aí tudo se esclareceu. O Brasil, atento e sagaz, descobriu enfim que gente simples como Lula, Dilma, Dirceu e todos aqueles tesoureiros simpáticos tinham sido dominados pelo mordomo do pasto.

Nesse autêntico despertar coletivo, descobriu-se que quem roubou o BNDES e passou mais de década enfiando bilhões de reais na conta de Jo Free-Boy, na marra e sem dar a ele a mínima chance de defesa, foi o mordomo.

Quem obrigou José Dirceu, provavelmente por meio de tortura e choques elétricos, a reger na Petrobras o maior assalto da história do

Ocidente foi o mordomo — assim descrito por Jo Free-Boy no momento redentor:

"É o chefe da quadrilha mais perigosa do país."

(Nota do *Manual*: se você identificou aí o estilo literário do autor do "espetáculo da democracia", fique na sua que ninguém te perguntou nada.)

E veja só a desfaçatez: no que o mordomo em chefe da quadrilha mais perigosa do país assume a Presidência da República, enxota os bandidos do PT e entrega a Petrobras a um executivo de primeira linha que vai lá e salva a empresa.

É muita cara de pau.

Como você já sabe, o mordomo-vampiro foi demitido no grito pelo trio de ouro, mas se recusou a ir embora. O jeito foi passar a investigá-lo.

Só que, além de ser um absurdo alguém ter que trabalhar para demitir um mordomo, esse não era o forte de Enganot, Facinho e Free-Boy.

Mesmo continuando a fazer fachada, com saneamento da Petrobras, recuperação da economia e outros disfarces, o mordomo era mobília antiga de um partido fisiológico, e haveria de ser incriminado se Enganot trabalhasse direito.

Foi aí que a coisa começou a se complicar, o que é compreensível: não se pode exigir que um grande narrador, profeta, mágico e poeta circense seja também investigador.

De qualquer maneira, o fim do mundo tinha sido muito bem narrado, e o mordomo passaria a se chamar, para sempre, Michel Foratemer.

Por sua vez, Luiz Inácio, o Lula, ganharia adesões inesperadas ao seu plano de sumir em meio à caça ao vampiro.

Delfim Moreira 342

Depois de condenar Lula, Sergio Moro declarou que não era candidato a nada. Muito estranho. É no mínimo exótico um brasileiro chegar a esse nível de notoriedade e não começar a ciscar na política.

Desconfiem desse juiz.

Já o procurador Deltan Dallagnol, herói da Lava Jato, é coisa nossa. Jovem ainda, logo demonstrou estar sintonizado com a democracia de arquibancada.

Fale a verdade: após anos de estudo e trabalho duro, você participa da captura da maior quadrilha da história, fica famoso, é idolatrado e faz o quê? Continua trabalhando duro?

Claro que não. Isso é neurose de Sergio Moro.

Qual um Lula da Silva, você chegou lá. Lá, onde? Num lugar paradisíaco, onde você poderá ter trânsito livre entre notáveis, ser lambido por artistas deslumbrados e ver cada espirro seu virar manchete.

Para isso, basta largar de ser chato e trocar sua indumentária tosca de servidor pelo fardão de guerreiro do povo. E correr pro abraço.

Uma mosquinha azulada zumbiu no ouvido do procurador: Deltan, tu és mais! Tu és Dartagnan! Pensa grande, rapaz! És o cavaleiro que algema políticos — numa terra de moral frouxa onde odiar políticos é salvo-conduto!

Sai de baixo dessa luz fria, meu jovem! A luz do Sol te espera!

Dartagnol entendeu o recado e logo viu: no front enevoado das pesquisas de opinião, o tiro ao mordomo era o nome do jogo.

Pediu licença ao rigor da Lava Jato e deu um aceno carinhoso ao PT (quem te viu, quem te vê), ao PSOL e a toda a esquerda cenográfica, seu novo sonho de consumo.

Enfim, foi ser feliz como franco-atirador contra o governo — qual um Ciro Gomes subtropical, ou um Molon repaginado, com a liberdade poética de um T-Enganot, seu ídolo.

E lá se foi o procurador virtuoso, montado em seu cavalo branco contra os políticos — para virar político. Um brasileiro.

Certamente, não o primeiro. Um dos mais famosos cavaleiros contra a imundície da política foi Fernando Collor de Mello, o Caçador de Marajás. O Brasil explodiu de esperança na cruzada do seu Partido da Reconstrução Nacional contra Sarney, o Temer da época.

Menos de 30 anos antes, o cavalo branco da depuração política havia sido montado pelos militares — também num basta àquele mundo nojento dos corruptos.

Collor e os militares ensinaram muito ao Brasil sobre o nojo.

Fora os Protógenes e demais justiceiros de gibi, outro grande mosqueteiro contra a sujeira da política foi Getúlio Vargas. Ali o cavalo nem era metáfora. A revolução purificadora veio a galope do Sul — e após a faxina, como é comum acontecer, tomou gosto e foi ficando.

A carne já era fraca.

À exceção de lunáticos como Sergio Moro, portanto, o normal do homem público é privatizar o seu sucesso.

Um Joaquim Barbosa, por exemplo: fez história condenando poderosos e ia continuar levando vida de juiz, afundado em processos empoeirados? Nada disso.

Vida de celebridade é outra coisa: é preciso pairar, qual um ser imaginário, que se materializa em momentos cruciais — como para tentar salvar do impeachment a despachante da quadrilha que você condenou.

A fama é sua, você faz o que quiser com ela — inclusive dar pinta em convescote da MPB. Todo brasileiro que sai do anonimato tem o sagrado direito de ser um ex-BBB de si mesmo.

Deltan brilhou na maior investigação da República e teria, pode-se dizer, duas referências de homem público a seguir: Sergio Moro e Rodrigo Janot. O primeiro é esse ser estranho já descrito antes.

O segundo é um ser esperto. Passou anos amortecendo Lula e Dilma em triangulações com o STF e o despachante petista na corte, José Eduardo Cardozo (fantasiado de ministro da Justiça), para fazer a enxurrada de denúncias morrer nas praias certas.

Depois emergiu como príncipe da Lava Jato (!), bajulado pela imprensa e por artistas despistados, para fazer o quê? Adivinhou, danado: montar no cavalo branco da faxina contra os políticos imundos.

Fazendo sua caminha política com ataques à própria (especialidade da casa), Janot, vulgo Enganot, não é propriamente um ex-BBB de si mesmo, pois o que privatizou foi o sucesso alheio — no caso, de gente como Moro e Deltan.

Já Deltan não achou graça na contrição de Moro e resolveu ser Enganot na vida.

É um modelo e tanto — sobretudo de coragem. Não pense que é fácil se aliar a um açougueiro picareta para tentar derrubar um presidente no susto.

Mas vale a pena se o tal presidente é detestado pela opinião pública — porque aí você pode errar todos os tiros, que eles serão sempre certos.

Deltan sentiu o perfume da carne assada e aderiu à molezinha do tiro ao mordomo.

Saiu disparando até sobre o ajuste fiscal — matéria na qual o governo branco e velho tapou o rombo criminoso do PT, o que não comoveu o jovem caçador de políticos corruptos.

Ou seja: o rapaz está pronto. Vai, Dartagnol, ser ex-BBB de si mesmo.

E lá foi ele se encontrar com os marcianos no Leblon.

* * *

O problema é o seguinte, parceiro: na Delfim Moreira, endereço nobre de Marte, tu vai ter que falar bem do Lula, da Dilma e desse bando que tu já perseguiu, tá ligado? Manda aquele olhar vago pro Oceano Atlântico procurando a África e finge que o filho do Brasil nunca foi o sol do seu PowerPoint, positivo?

Sem problema pra você? Ótimo. O mecanismo é foda, parceiro. Você e o Capitão Nascimento sabem disso.

Talvez Rodrigo Enganot também saiba. Quando ele surge com aquela toga voadora perseguindo os políticos... O Leblon olha pra cima todo arrepiado.

E foi nesse Brasil profundo da Delfim Moreira que nasceu o movimento 342 Agora, perfeito para a nova missão do mosqueteiro Dartagnol Foratemer.

Tudo começou justamente num voo sublime de Enganot e sua toga negra, fazendo o planeta girar ao contrário em tal velocidade que a franja de prata quase saiu do lugar. Nosso herói já pousou com a denúncia contra o mordomo prontinha — naquele mesmo mix Orson Welles-José Dirceu que fizera tanto sucesso.

342 era o número de votos necessário para aprovar a denúncia no Congresso — o que não seria nada fácil, porque nem todo mundo sabe ler poesia sideral.

Era julho de 2017, portanto dois meses após o fim do mundo, e a rotação invertida da Terra tinha dado certo: a história recuara ao ponto em que ninguém estava nem aí para Lula e o petrolão.

Na confusão, inclusive, abriram a porta da cadeia e Dirceu já estava na rua de novo. Tudo normal.

Dartagnol Foratemer pôde então cair nos braços da MPB sem culpa, e virar militante do 342 — compartilhando videozinho de subcelebridade e tudo. Chiquérrimo.

A denúncia de Enganot não foi aceita — mas em Marte certamente seria. O erro foi não ter colocado em votação na Delfim Moreira, onde todos entenderiam tranquilamente a poética do conspirador-geral.

Exemplo:

O mordomo levou grana para mandar o Cade (Conselho Administrativo de Defesa Econômica, que guarnece a livre concorrência) favorecer o grupo JBS, do companheiro Joesley, acusou o denunciante.

Se retirada do contexto poético, essa acusação passa a enfrentar os seguintes problemas:

1. A propina paga ao mordomo era mais cara que a vantagem recebida pela JBS. Seria o primeiro suborno deficitário da história;
2. A "operação controlada" misteriosamente não seguiu o dinheiro até o mordomo, no primeiro flagrante imaginário da história;
3. A vantagem pretendida pela JBS foi negada pelo Cade, no primeiro caso de corrupção sem fins lucrativos da história.

Resumindo: era uma denúncia cheia de conceitos pioneiros, que só a vanguarda visionária da Delfim Moreira poderia alcançar.

O que causa indignação, perplexidade e revolta é a omissão desse 342 Agora, movimento abastado que não ofereceu um mísero curso de poesia sideral aos deputados brasileiros.

Momento cultural do *Manual*:

Nos 13 anos em que Lula e Dilma fizeram transfusões bilionárias em série do BNDES para o açougue de Jo Free-Boy, transformando-o no maior tubarão das Américas com Cade ou sem Cade, e no maior laranja das negociatas da República, Rodrigo Enganot estava de férias em viagem intergaláctica.

De toda essa exuberância envolvendo a Operação Janoesley, o fato incomparável é que Sergio Moro viveu para ver a grife da Lava Jato ser usada como esconderijo de Lula.

O filho do Brasil já começava a receber pesquisas do Datafolha (que não falha) e institutos amigos mostrando a reabilitação do PT e dele próprio — dados como mortos e enterrados depois de flagrados depenando a Petrobras e arrancando as calças do povo.

O Brasil é uma mãe (que ama seu filho) e topou a troça das troças: acreditar numa Lava Jato trans, que se desviava da alma mais honesta e convertia o bordel petista em altar.

Claro que Sergio Moro nunca acreditou em nada disso, sendo um estraga-prazeres que não curte poesia tarja preta. Ficou sozinho num canto vendo a festa rolar.

Sob o hit do momento — o "Mordomo-chefe-da-quadrilha-mais--perigosa" —, destacavam-se as coreografias sensuais de Enganot & Facinho, mas quem surpreendeu foi a dupla da limpeza Dartagnol & Barroso: o justiceiro de toga que aliviou Dirceu gritava "foratemer!" e o mosqueteiro respondia "é nóis!" — no mais belo *pas de deux* que o Twitter já viu.

Marcelo Miller, o procurador anfíbio de Enganot que lavava roupa para fora, era coberto de elogios por fazer Joesley chegar limpinho à pista.

Mas em todo festão alguém acaba bebendo demais — e isso foi acontecer logo com o caubói impecável. Joesley Batista, o Jo Free-Boy, deu com a língua nos dentes.

Voz arrastada, ele contou todo o *making of* do fim do mundo. Mostrou como armou tudo com Enganot sob a cobertura das supremas togas esvoaçantes — devidamente obedientes aos seus padrinhos petistas. Era o espetáculo da democracia.

Tudo gravado e enviado sem querer às autoridades investigativas, com o objetivo central do plano declamado em todas as letras na confissão ébria: fechar "a tampa do caixão" do mordomo.

Aí foi uma correria no salão. Repórteres e veículos que concorriam ao Prêmio Joesley de Jornalismo na categoria Melhor Ventríloquo de Janot batiam cabeça desesperadamente. Desmentir o fim do mundo não é moleza.

Moro continuava quieto no seu canto assistindo à gritaria — e à metamorfose impressionante de Jo Free-Boy, o herói da revolução de Maio de 17, agora gentilmente convidado a viver sua exuberância nova-iorquina atrás das grades.

Dartagnol Foratemer não viu nada. Ele estava no porão da festa ouvindo MPB e poesia sideral bem na hora em que tudo aconteceu.

A prova de que o jovem mosqueteiro não ficou sabendo da confusão é que jamais se ouviria um pio dele sobre o assunto. Sendo uma conspiração bêbada contra um presidente, e envolvendo dois colegas seus do Ministério Público, ele teria dito alguma coisa.

Mas não há qualquer registro disso, nem no balé do Twitter com o companheiro Barroso — outro caçador de corruptos que não viu nada.

Diferentemente de Joesley e Wesley, Rodrigo Enganot não foi preso. Notando que estava todo mundo bêbado na festa, gritou que os irmãos açougueiros eram cúmplices do mordomo e que ele iria continuar combatendo o mal. Um mago.

Ecoava no salão o brado imortal de Enganot: "Enquanto houver bambu, lá vai flecha!"

Eis um ato de coragem que o *Manual do covarde* tem a obrigação de destacar: fazer um país de otário com esse nível de desinibição — e se dar bem no final — não é para qualquer fanfarrão.

E se você não quer ser um fanfarrão qualquer, isto é, não abre mão de se tornar um grande fanfarrão, não perca Rodrigo Janot de vista.

E não perca a próxima Lição: você vai aprender com quantas flechas virtuais se faz um Robin Hood de WhatsApp.

LIÇÃO Nº 4

A volta do messias
e a caravana dos invisíveis

Alguém comprou o silêncio do Brasil sobre os 13 anos roubados do PT — e o problema ético passou a ser os 13 meses do Conde Drácula.

O filho do Brasil estava praticamente esquecido no final de 2017 — numa flagrante injustiça com o maior líder popular que o país já teve.

Para se ter uma ideia, nem os caubóis *made in* BNDES incluíram Luiz Inácio, o Lula, em suas gravações de sucesso. É no mínimo antipático, na hora da fama, você esquecer quem te botou lá (botando bilhões do contribuinte na sua conta).

Nem Lula nem Guido Mantega — despachante para assuntos que a Odebrecht não pudesse resolver — entraram nos *hits* da Operação Janoesley. Dilma, Palocci e o restante do estado-maior petista também ficaram de fora do maior espetáculo da Terra — produzido em Marte, como já informado.

Com a prisão dos irmãos Free-Boys (as celebridades do momento) após o barraco na festa da democracia, abria-se espaço para outros ídolos. Mas ainda não seria a vez da alma mais honesta do hemisfério.

Nota do *Manual*: quem é muito honesto acaba esperando demais.

O fato era que os revolucionários do WhatsApp, embriagados com seu despertar político de bolso, só conseguiam pensar na segunda temporada da Operação Janoesley. Estavam excitadíssimos com a chance de voltar a odiar a elite branca — depois dos probleminhas com o operário e a mulher sapiens.

A revolução de Maio de 17 não podia parar — e, se o fim do mundo não tinha dado certo no pasto, haveria de dar na floresta.

Foi aí que o movimento da Delfim Moreira 342, na sua trincheira com vista para o mar, resolveu salvar a Amazônia das garras do mordomo. Essa o Orson Welles ia querer narrar.

Numa sacada genial, transformada em vídeos comoventes no WhatsApp, os mesmos astros do remake das Diretas Já (modo Venezuela) alertaram: o governo golpista e fascista estava vendendo as florestas dos nossos índios em troca de votos no Congresso para livrar o homem branco.

Já que o enredo estrelado pelo açougueiro Free-Boy não tivera final feliz, a revolução decidiu largar a carne vermelha e defender o verde. Boa ideia.

O script ia na linha da PEC do Fim do Mundo, popularizada pela ONU: onde o governo pós-petista metesse a mão era a peste. Reforma trabalhista era escravidão, reforma do ensino era censura, ajuste fiscal era crime — mesmo com a bolsa batendo recorde e os juros despencando.

Enquanto isso, um senador amazônico fofinho, radicado no Leblon, dava um pulo em Brasília para tentar melar a CPI da JBS — pois o FBI estava chegando perto dos caubóis de Lula. A bondade não descuida do pasto.

Mas o filho do Brasil devia estar mesmo saindo de moda. Numa campanha tão bonita pela Amazônia, não lhe deram crédito nem pela obra-prima de Belo Monte, a usina de mais de 30 bilhões de reais que inundou a floresta e os bolsos dos companheiros, sob os cuidados da mãe do PAC.

E o descaso chegou ao intolerável quando Lula, que já ganhara até guitarra do Bono Vox, foi humilhado por Roger Waters, ex-líder do Pink Floyd.

* * *

A notícia caiu como uma bomba em São Bernardo do Campo: o novo disco do genial compositor de *The Wall*, a ópera-rock sobre a repressão às crianças na Inglaterra da Segunda Guerra, tinha o rosto de Michel Temer na capa.

Era um design exclusivo postado pelo próprio Waters, o derrubador de muros (menos o de Berlim), para divulgar o disco no Brasil. Implacável defensor da esquerda boazinha e caçador da direita má — portanto, um homem em sintonia com a complexidade do seu tempo —, o ex-líder do Pink Floyd viu que estava dando onda e apareceu para dar uma surfada.

O disco vinha embalado com uma crítica aos poderosos, brancos e velhos, ao sistema, ao mecanismo etc. — e a cara do mordomo ilustrava essa complexidade toda. Qual brasileiro chegou tão longe?

A mágoa de Lula era absolutamente justificável. Sabendo que não é fácil chamar a atenção de um ícone do pop mundial, ele pensou grande e regeu o maior assalto da história do Ocidente, botando poderosos, brancos, velhos, sistemas e mecanismos no bolso.

Por que essa falta de reconhecimento agora?

Só podia ser preconceito desse inglês elitista. Ele não devia saber que aquele pobre homem enriquecera com o suor do rosto dos seus súditos e fora diplomado pelo doutor Sergio Moro — grau 9,5 (depois ampliado para 12, na pós-graduação).

Mas Lula não estava só.

A insensibilidade do astro inglês para com os heróis do povo sofrido das Américas também atingiu o companheiro Nicolás Maduro — autor de um trabalho mundialmente reconhecido de aviltamento humano e dizimação institucional. Não mereceu nem um bilhetinho de Pink.

Outro ignorado pelo astro inglês foi Ollanta Humala. O ex-presidente peruano, amigo de Lula e de Dilma (não vai ter uma ópera-rock para ela?), acabara de ser preso no escândalo da Odebrecht, acusado de lavagem de dinheiro.

Roger poderia ter feito uma capa só com os estadistas da empreiteira.

Com tantos heróis terceiro-mundistas à mão, no auge de suas façanhas clepto-progressistas, o destaque exclusivo de Roger Waters ao mordomo brasuca deixava até uma suspeita no ar. Será que esse mordomo tinha trabalhado na mansão do Pink?

Este *Manual* não trabalha com a hipótese de cartas marcadas. Todo covarde é um puro antes de tudo. Depois de tudo, o papo é outro.

De qualquer forma, Lula não deveria ter aceitado passivamente essa discriminação. Se Roger Waters estava sem inspiração, o filho do Brasil poderia ter-lhe oferecido mais material, que ele tem de sobra.

Naquele exato instante, por exemplo, um grupo de senadoras do PT & Cia. fazia história.

Lideradas por Gleisi Carabina — porta-voz do aviso de que ia morrer gente se Lula fosse preso —, elas invadiram a mesa do Senado na marra, expulsaram os representantes do povo e provocaram um blecaute (é a bancada *Dark Side of the Moon*, Roger).

Daria até para refilmar *The Wall*, substituindo a quebradeira dos estudantes na escola pela rebelião da Gleisi. A brigada passou por cima de tudo no parlamento para impedir a reforma trabalhista, um golpe autoritário e desumano nas mamatas sindicais.

Denuncia isso no próximo disco, parceiro.

A cena era cinema puro, e a criançada rebelde do seu filme não tinha metade da energia daquelas senhoras febris, impondo-se pela histeria progressista em horas de motim (você não está entendendo). Teve até piquenique e quentinhas com restos de comida espalhadas sobre a mesa da presidência.

E você achando que sabia o que era revolução, seu bobo.

Agora veja como *The Wall* se transformará num filme cabeça: ao final da rebelião, descobriu-se que cada ação das senadoras empoderadas estava sendo ditada, por telefone, por um homem — o presidente da CUT, uma moderna entidade sindical importada do século 19.

Para um país ainda traumatizado com sua primeira presidenta mulher teleguiada pelo padrinho, o protesto feminista com controle remoto masculino foi um baque. Talvez você tenha que jogar uns sutiãs na cena da fogueira, Roger.

A seguir, para que o astro do Pink Floyd jamais se esqueça de Lula em sua luta por um mundo melhor, o *Manual do covarde* mostrará como se forma um estadista de empreiteira — trilho dourado que devolveria o filho do Brasil às manchetes mundiais em 2018.

O grilo pagante

O palestrante Luiz Inácio da Silva era um sujeito de sorte. Antes de se consagrar com suas palestras internacionais, as mais caras do mundo, ele passou pela Presidência da República, onde não ganhava tão bem.

Mas tinha bons amigos, especialmente na empreiteira Odebrecht, que lhe sopravam o que dizer nas reuniões com outros chefes de Estado.

Os recados eram passados ao futuro palestrante, então presidente, sob o título "ajuda memória" — ou seja, os empreiteiros estavam ajudando o presidente a se lembrar de coisas úteis, numa espécie de transplante de consciência.

A Odebrecht era o Grilo Falante de Lula.

Alguns observadores já apontaram semelhanças entre Lula e Pinóquio, talvez pelo formato do nariz — mas nem o famoso boneco de madeira, com Grilo Falante e tudo, teve uma ajuda-memória tão generosa.

A de Lula se transformou em negócios de bilhões de reais — algo sem paralelo no mundo das fábulas. É bem verdade que Pinóquio não tinha um BNDES, só um Gepeto — que, para piorar, não fazia operações secretas.

"O PR fez o lobby", escreveu o ministro da Indústria e do Comércio aos amigos da Odebrecht, sobre a ação do PR Lula, representante da empreiteira, junto ao PR da Namíbia. Mais uma ajuda-memória transformada em ouro.

A parceria funcionou tão bem que foi profissionalizada. Quando Luiz Inácio terminou seu estágio como PR, foi contratado pela Odebrecht como palestrante.

Aí o céu era o limite. Com a quantidade de ajuda-memória que ele recebera da empresa durante oito anos, tinha história para contar ao mundo inteiro pelo resto da vida.

E uma vida boa: soltinho, sem a agenda operária de PR, viajando pelos países nas asas do lobista da Odebrecht, fazendo brotar obras monumentais por aí e mandando Dilma e o BNDES bancá-las, enquanto embolsava os cachês astronômicos de palestrante da empresa ganhadora das obras.

A parceria também funcionou no Brasil, claro, com belos projetos como o estádio do Corinthians — que uniu seu time do coração à sua empreiteira idem.

Num drible desconcertante dos titãs, o Morumbi foi desclassificado para a Copa de 2014 e brotou em seu lugar o Itaquerão, por R$ 1 bilhão. Como não dava para Gepeto fazer a mágica, o Pinóquio PR chamou o bom e velho BNDES para operar mais esse milagre.

Após alguns anos fazendo os bilhões escorrerem dos cofres públicos para parcerias interessantes como essas — incluindo as obras completas da Petrobras —, o palestrante e seu partido viram o Brasil cair na maior recessão de sua história.

O palestrante passou a ser investigado pelo Ministério Público por tráfico de influência internacional — represália evidente da elite branca, que não suporta o sucesso de uma pessoa humilde.

Se o país fizesse como Lula e providenciasse sua própria ajuda-memória, jamais teria afundado dessa maneira.

Por exemplo: você é presidente, tem uma reunião com o chefe de Estado de Angola e não faz ideia do que dizer a ele. E agora?

Nada de pânico. Marcelo Odebrecht já preparou a cola, ensinando inclusive como bajular o cidadão: "Ressalta o papel de pacificador e líder regional dele."

Assim foi feito por Lula, deu tudo certo e os bilhões fluíram normalmente. Faltou ao Brasil o profissionalismo do filho dele.

Mas a elite invejosa continuava a perseguição com denúncias sobre denúncias — até que, prestes a virar réu sob a acusação de comandar 75 milhões de reais em propinas da Odebrecht, o palestrante reagiu.

Soltou uma nota, por intermédio do Instituto Lula — também citado entre as práticas criminosas —, desabafando contra a perseguição:

"Os investigadores da Lava Jato não se conformam com o fato de Lula ter sido presidente da República."

Argumento matador e definitivo. Era isso: os nerds da Lava Jato não suportavam a ideia de viver num país onde o poder já estivera nas mãos de um pobre.

Felizmente, o ex-presidente tinha amigos ricos, um partido rico e um instituto rico para bancar os advogados milionários que redigiram o argumento irrefutável — até porque àquela altura o Grilo Falante já estava preso.

Não dava mesmo para aquele juiz preconceituoso engolir um presidente que põe o bilionário BNDES, antes elitista e tecnocrático, para investir em amizade verdadeira — do Itaquerão a Cuba, de Belo Monte à Namíbia, do pasto ao pré-sal. Ver um sorriso iluminando o rosto cansado de um presidente da OAS não tem preço.

O que ele entrega de volta tem preço, mas ninguém vai falar de dinheiro debruçado sobre o mar do Guarujá.

A nota complementava:

"Para a Lava Jato, esse é o crime de Lula: ter sido presidente duas vezes. Temem que em 2018 Lula reincida nessa ousadia."

Fim de papo. Estava na cara que era essa a motivação do pessoal de Curitiba: se vingar de um nordestino petulante e cortar as asinhas dele.

Mas como este não é um país só de fascistas e rancorosos, ainda havia espaço para a bondade e a fraternidade, como mostrava a planilha "Amigo" da empreiteira progressista e gente boa Norberto Odebrecht.

"Amigo" era o codinome de Lula, que recebia de Marcelo Odebrecht, segundo o próprio, dinheiro vivo na casa dos milhões de reais, como acontece em toda amizade verdadeira. Fora o auxílio-memória.

Eis o flagrante contra os investigadores elitistas da Lava Jato: eles não aguentam ver um pobre com dinheiro na mão.

Enfim, um brasileiro humilde que teve a chance de transformar sua roça num belo laranjal — onde pôde plantar seus amigos, como dizia a canção, e também seus filhos, e os amigos dos filhos.

Em lugar dos discos e livros, que não eram muito a dele, plantou Bumlai, Suassuna, Bittar, Teixeira e outros cítricos. A colheita foi uma beleza.

Esse é o homem esquecido por Roger Waters. Pena que Sergio Moro não lançou um disco. Gravou tanta coisa emocionante, não custava nada.

* * *

A prova de que a virgindade petista foi milagrosamente restaurada pela revolução de Maio de 17 estava escancarada menos de seis meses depois: Lula saía novamente em caravana, leve e solto, prometendo cruzar o estado de Minas Gerais e conversar com o povo sobre o problema da corrupção.

Pinóquio se achava talentoso, mas não sabia de nada, inocente.

O escudo invisível do hepta réu, já condenado em primeira instância por corrupção passiva e lavagem de dinheiro, era feito de uma rede de esquecimentos: de Roger Waters ao Rock in Rio, do papa ao *Le Monde*, de Rodrigo Enganot ao carnaval, do 342 ao 171, da imprensa Free-Boy ao Gabriel Predador — que resolveu matar o presidente velho após 13 anos de ternura com o presidente velhaco.

A imprensa Free-Boy nasceu na revolução de Maio, numa das alquimias mais impressionantes a que o país já assistiu: instantaneamente, diversos jornalistas de primeira linha viraram uma espécie de mídia ninja de Rodrigo Enganot.

Contando, ninguém acredita: aquela fanfarra das flechas de bambu, com o arsenal de leviandades, armações, prevaricações e achincalhes ao direito já demonstrados neste *Manual* (calma que vem mais: enquanto houver Janot, vai aberração) — enfim, toda aquela delinquência do então procurador-geral virava manchete na hora, toda hora, todo dia.

Nunca se viu nada igual.

O Prêmio Joesley de Jornalismo vai para a série de reportagens a partir da frase "Tem que manter isso, viu?", que Janot inventou ser a compra do silêncio de Eduardo Cunha por Temer, e a imprensa Free-Boy bancou.

Alguns veículos corrigiram o erro, após constatarem se tratar de ficção científica, demonstrando ser impossível chegar àquela constatação, mesmo com muita vontade. Outros deixaram quieto, que estava rendendo bem.

Mesmo que o mordomo venha a ser flagrado, condenado e preso por roubar todas as cédulas do Banco Central, ou todos os quadros da mansão do Roger Waters, a epígrafe da corrupção continuará sendo "Tem que manter isso, viu?".

A opinião pública, se é que isso existe, é fiel às suas crenças.

E não se importa que Rodrigo Janot tenha ouvido Aloizio Mercadante, então ministro da Educação de Dilma Rousseff, tentando comprar o silêncio do senador preso Delcídio do Amaral numa boa — sem flechas contra o ministro companheiro nem contra a presidenta mulher.

Há silêncios mais silenciosos que outros. E o mais gritante de todos é o da imprensa Free-Boy sobre a farsa de Rodrigo Enganot.

E lá estava esse jornalismo diligente na partida da caravana de Lula contra a corrupção — gentilmente esquecendo-se de citá-lo como um condenado.

Em outubro de 2017, o julgamento do ex-presidente em segunda instância no processo do triplex ainda não estava marcado — e a aposta ainda era empurrá-lo com a barriga para as calendas. Joesley já estava preso, a virada de mesa tinha fracassado, mas a conspiração era um sucesso.

Enganot e seus ninjas tinham conseguido bagunçar a cena e restaurar o velho clichê de que político é tudo igual, ninguém vale nada etc. Ladrão por ladrão, pelo menos um que seja santo.

Lula estava na pista de novo.

E que bom que foi só um pesadelo. Na partida da caravana por Minas Gerais, lá estava de novo o filho do Brasil prometendo salvar o país da elite branca e gananciosa. Que alegria voltar a ouvir isso.

Por um tempo (de trevas), os brasileiros chegaram a achar que tinha sido o próprio Lula, com sua quadrilha de cupins do Estado nacional, o autor do maior assalto da história da República. Que sonho horrível.

Agora era um misto de emoção e alívio ligar o rádio e ouvir ao vivo a partida da caravana — com a notícia de quantas cidades ele iria percorrer, a expectativa sobre a presença de Dilma (haja coração!) e outros detalhes do grande evento —, tudo comentado por um dirigente local do PT, o partido do qual você chegou a pensar as piores coisas.

Nessa transmissão especial da imprensa Free-Boy, o dirigente petista falava sozinho, sem contraditório, porque não era o momento de aparecer alguém falando de coisa triste.

A emissora não era a Rádio Sucupira, mas nem Odorico Paraguaçu sonhou com uma cobertura tão bonita (talvez só comparável à do Guarujá, com vista para o mar, ou à de São Bernardo, que também não é do Lula).

O grão-petista seguia solando, e era uma notícia boa atrás da outra: o companheiro Fernando Pimentel, governador de Minas, acabara de confirmar pessoalmente a ele que estava animado com a caravana e marcharia lado a lado com Lula!

Não mude de estação, você não está na rádio da CUT.

E aí as coincidências da vida: naquele mesmo dia primaveril da Mantiqueira, o companheiro Pimentel fora apontado pela Polícia Federal como coordenador de uma quadrilha de lavagem de dinheiro em campanhas eleitorais.

Um contratempo desagradável, que pode acontecer em qualquer caravana contra a corrupção.

Tanto que o noticiário sobre o grande evento, honrando o jornalismo elegante nascido em Maio de 17, não fez qualquer referência aos problemas do governador com a polícia. Vida normal.

Como diria o poeta, os cães passam e a caravana ladra.

A campanha estava indo tão bem, com perfeita assimilação do slogan de Enganot — a quadrilha agora é outra, ou algo assim —, que o papa Francisco apareceu para tirar uma casquinha.

Depois de panfletar contra o impeachment da presidenta mulher se dizendo “muito triste” e ameaçando cancelar a visita ao Brasil no jubileu de Nossa Senhora Aparecida, o companheiro pontífice cumpria a ameaça — aparecendo no 12 de outubro em vídeo para conclamar os brasileiros a resistir contra a corrupção...

Estava coroada a narrativa genial: o país não fora depenado por 13 anos de PT, mas por 13 meses do Conde Drácula.

Com a bênção papal, José Dirceu caiu no samba.

Primavera fora de época

Enquanto não descobriam quem tinha comprado o silêncio da opinião pública sobre os 13 anos de assalto do PT, o país prosseguia em seu despertar ético. A caravana da moralidade não podia parar.

Sobreveio então uma imagem emblemática, quase uma síntese da alegria na Terra, envolvendo o guerreiro Dirceu.

Para entendê-la perfeitamente, vale observar antes uma cena paralela. Esta se deu quando a PF prendeu o baixo clero da política carioca — incluso o presidente da Assembleia Legislativa, Jorge Picciani — no rastro do caso Sérgio Cabral.

Aí o marketing da revolução trabalhou rápido.

Dentre os muitos brados éticos celebrando essa operação, destacamos o do mosqueteiro Dartagnol Foratemer: o bando capturado era do PMDB e, portanto, trazia pistas sobre a corrupção no governo federal.

Este *Manual* já ensinou que a picaretagem intelectual é a mãe de todas as virtudes — e aqui você tem um show particular dela.

Picciani e sua turma tinham engordado à sombra de Cabral, Dilma e Lula — o trio poderoso que comprou as Olimpíadas, vendeu a apoteose do Rio e do Brasil ao mundo e não dava nem bom dia ao mordomo obscuro que não mandava em ninguém.

O problema é que, depois do impeachment, o mordomo resolveu — talvez por sobrevivência, ou para impressionar o Pink Floyd — ocupar a cúpula da administração federal com técnicos de renome internacional. Do Banco Central à Petrobras, nenhum afilhado do PMDB.

O grito ético de Dartagnol Foratemer fazia o jogo, portanto, das ratazanas do PT — loucas para recuperar as chaves dos cofres supracitados.

Mas Dartagnol não tinha nada com isso: ele estava apenas praticando o tiro ao mordomo — o esporte mais seguro e rentável do momento.

Nota interessante: a euforia contra os corruptos da Assembleia do Rio jamais fora ouvida contra a Assembleia de Minas — que seguia firme protegendo da prisão o companheiro Pimentel, membro da caravana do Lula e governador nas horas vagas.

Agora você está preparado para entender a imagem emblemática da suprema alegria supracitada.

Então, responda ao teste:

— Se você tivesse ordenhado um país por 13 anos e de repente abrissem a porta da cadeia para você ser saudado como guerreiro do povo brasileiro, celebrar o líder da sua quadrilha e assistir ao vivo à caçada ao inimigo, o que você faria?

a) Escreveria ao Vaticano agradecendo ao papa Francisco;
b) Descansaria a mente assistindo a uma palestra de Dilma Rousseff;
c) Organizaria uma passeata contra a ditadura militar do século passado;
d) Caía no samba.

Se você cravou a opção "d", de Dirceu, está pronto para passar à próxima Lição.

Mas antes disso, se puder, abra o YouTube sem fechar o livro — e faça o seguinte exercício:

Reveja as imagens da festa onde o guerreiro do povo condenado a mais de 30 anos de prisão aparece sambando no pé, enquanto lê abaixo as legendas da felicidade dele.

Notícias da primavera petista de 2017:

1. *O lobista de José Dirceu, Milton Pascowitch, condenado a 20 anos de prisão na Lava Jato, também já estava solto;*
2. *Braço direito de Janot na conspiração, Miller deixava o escritório onde montou a leniência milionária sem ninguém notar;*
3. *A Petrobras saía do vermelho e o ex-presidente da estatal na era PT (Aldemir Bendine) era preso, mas as manchetes continuavam na literatura de Janot;*
4. *Mais uma greve geral cenográfica montada por mortadelas com pneus em chamas, pedradas e coquetéis-molotov era noticiada como protesto contra a corrupção;*

5. *Tucanos faziam corpo mole nas reformas que sempre defenderam para surfar no "fora Temer";*
6. *Governo empacava no projeto de saneamento da Eletrobras com Dilma Rousseff (solta) gritando que privatizar é crime;*
7. *Renan Calheiros curtia sua liberdade tranquila abraçando Lula em comício pela democracia (nessa hora o Brasil estava de costas);*
8. *José Carlos Bumlai, o pecuarista do laranjal de Lula, peça central do petrolão, comemorava seis meses fora da cadeia;*
9. *O ministro Edson Fachin, do STF, tirava a investigação de Guido Mantega das mãos de Sergio Moro;*
10. *Pesquisas eleitorais mostravam o favoritismo de Lula por todos os ângulos, em câmera lenta e tira-teima, com a narração vibrante: o único capaz de derrotar Bolsonaro e a direita fascista.*

O milagre da revolução Free-Boy transformava um condenado por corrupção em esperança contra o mal.

Só sambando a noite inteira mesmo.

O filho do Brasil ia caminhando para se tornar um condenado, por assim dizer, especial. Seus processos e audiências perante o juiz da Lava Jato apareciam em diversas manchetes como um "duelo":

Lula x Moro — quem será que vai ganhar?

Enfim, um novelão, do jeito que o brasileiro gosta, dando cobertura para o réu transformar interrogatório em comício e debochar do juiz.

Os analistas de plantão entendiam tudo imediatamente: Lula está dando um baile em Moro, Lula está fazendo Moro de bobo, a raposa está engolindo o cordeiro etc.

A primavera prenunciava a liberdade: se um açougueiro anabolizado pelo PT tinha confessado a compra de meio mundo e saíra voando livre para NY nas asas do STF, não seria um juizinho lá de baixo que pegaria Lula — o anabolizante em pessoa.

E, quando o peru de Natal já começava a morrer de inveja do destino do ex-presidente, veio a bomba.

* * *

O julgamento de Lula em segunda instância estava bem encaixado na embromação judicial da lenda viva, entidade na qual a polícia não ousaria tocar. A confirmação da condenação de Moro significaria risco real de prisão. Portanto, o subtexto era claro: aproveitar que a Justiça é cega e empurrá-la com a barriga para sempre, ou melhor, para nunca.

Mas aí o nunca chegou. E não era uma daquelas datas cabalísticas dos recibos falsos da cobertura em São Bernardo, tipo 31 de junho e 31 de novembro.

O Tribunal Regional Federal em Porto Alegre anunciava que tinha marcado o julgamento de Lula para o dia 24 de janeiro — dali a um mês e 13 dias.

Revolta geral. Logo surgiu a notícia de que Bono Vox baixaria na capital gaúcha para acompanhar pessoalmente o julgamento. A informação não se confirmou, mas traduzia o espírito da coisa: o céu descerá ao chão, se for preciso, mas ninguém toca no filho do Brasil.

Na próxima Lição você entenderá por que era simplesmente vital que Luiz Inácio da Silva não fosse preso.

LIÇÃO Nº 5

A censura *fake*
e os catadores de lixo ideológico

É proibido proibir — a não ser que estejam atrapalhando a minha lenda e os meus negócios.

O caso do homem nu no Museu de Arte Moderna de São Paulo, polêmica típica daquela primavera de plástico, foi um evento emblemático: mostrou a garra dessa gente que batalha de sol a sol por um verniz revolucionário.

Eles estavam decididos a não esmorecer com o fiasco da lenda.

Por uma coincidência antropofágica, essa rapaziada da vanguarda de museu era toda de viúvas petistas. Normal. Não pense que é fácil você chegar ao paraíso fantasiado de algoz da burguesia e te tirarem de lá porque o seu guru esfolou o povo.

Você precisa que o seu guru permaneça solto e falante, para não estragar o conto de fadas no qual tanta gente boa está pendurada.

Mas como defender ladrão não é propriamente um ato revolucionário (embora não haja certeza científica sobre isso), você passa a precisar urgentemente de um esquete novo.

Assim surgiu, após mais de década de rapinagem, o plano genial: ficar pelado para chocar a elite branca.

Havia dúvidas, é bem verdade, se no adiantado da hora de 2017, com tudo o que a TV já tinha mostrado, tudo que a internet já tinha escancarado, tudo que já tinha sido exposto inteiro e do avesso para crianças, velhos, meninos, meninas, burgueses, favelados, crentes e ateus, ficar pelado ainda chocaria alguém.

Constatado que a missão não seria fácil, pintou a ideia de convidar crianças para ir ao museu tocar num homem nu, e ver o que acontecia. Deu certo.

Quer dizer: a vanguarda do anteontem ia ficar ali brincando sozinha de chocar ninguém, mas foi salva.

Com o fabuloso poder das redes sociais de transformar nada em tudo, em instantes estava instalada a guerra sangrenta entre moralistas e demagogos, que foram feitos uns para os outros.

Regra de ouro do *Manual do covarde*:

Se você é um Lula e está em maus lençóis, procure urgentemente um Bolsonaro. Se ninguém notar, chame o Datafolha. Tudo se resolve no ato.

E foi assim que, num passe de mágica, foi montada no país uma colossal ficção científica sobre arte moderna e pedofilia, ou vice-versa, dando o que fazer a um imenso contingente de parasitas da velha dicotomia direita x esquerda — que estavam à toa após o fracasso da guerra ideológica do PT.

Aí foi só alegria. Imediatamente os combatentes da Delfim Moreira 342 pularam no front, claro, gritando contra a censura, a ditadura e a tortura.

Na proa da nave fantasma, os mesmos corsários da MPB que lutaram pela censura prévia a biografias não autorizadas, e chamaram escritores de mercenários, saíram processando todo mundo que não pagasse pedágio intelectual a eles e se abraçaram a um governo que passou 13 anos tentando controlar a imprensa.

Como diria Carminha: cala a boca já morreu — se a boca for minha.

Responda ao teste do *Manual* para ver se está entendendo a polêmica:

— Você passou 13 anos encenando uma revolução progressista, que poria em prática todos os valores humanitários que você sempre panfletou, e essa brincadeira acabou em tragédia, com um país arruinado surgindo por trás da sua fachada transcendental (e o super-herói da apoteose social fugindo da polícia). O que você faz?

a) Se muda para a Venezuela;
b) Diz que foi traído e está chocado;
c) Desliga o telefone;
d) Tira todos os espelhos de casa;
e) Pula na trincheira imaginária e panfleta normalmente.

Se você não escolheu a opção "e", ainda não tem a desinibição suficiente para superar o vexame e seguir em frente criando polêmicas falsas.

Portanto, muito cuidado na próxima panfletagem. Não vá tirando a roupa. Podem achar que você está com calor e te jogar um balde de água fria. Fique no básico: você é contra a censura e contra Hitler. Não tem erro.

Pode botar um Cunha aí também. Não, o Cunha já esqueceram. Põe um Crivella. Prefeito-pastor que foge do carnaval. Claro que o sujeito é uma caricatura ambulante, mas é exatamente esse o jogo. Você não entendeu?

Para cada Crivella há um Caetano, num sistema perfeito de retroalimentação demagógica que mostra como a natureza é sábia — o espetáculo de exuberância e simetria da criação.

Um bocejo retórico de um multiplica imediatamente o rebanho do outro, tornando-os assim seres unidos para a eternidade pela gratidão mútua.

Aleluia.

Há diversos outros casais perfeitos na natureza, como o militante do PSOL e o policial boçal, que rezam diariamente a Nossa Senhora das Causas Fajutas pela oportunidade de se encontrarem na rua. Esse amor lacrimogêneo rende audiências incríveis e faz bem a todo mundo que não tem mais o que fazer.

E a natureza é ainda mais perfeita do que parece. Se não aparecer o general fardado dos seus sonhos, que te permita tirar do armário a fantasia de rebelde, não tem problema: você inventa!

Pode sair por aí combatendo os anos de chumbo, a onda conservadora e o tabu da nudez — vai ter um monte de maluco te seguindo, pode reparar.

Quem consegue criar um movimento de resistência democrática contra a censura no momento mais pleno da liberdade de expressão, consegue tudo.

Mas é preciso sagacidade para identificar a miragem correta e transformá-la rapidamente em panfleto — como se viu no sensacional remake das Diretas Já, Prêmio Joesley de Dramaturgia (o Oscar das causas imaginárias).

Esses profissionais incríveis, capazes de fazer brotar indignação, revolta e histeria onde não há nada, são os incansáveis catadores de lixo ideológico.

Veja-os um pouco mais em ação.

Proibido proibir (mentir pode)

Quando o banco Santander suspendeu a exposição que popularizou a figura da "criança viada", os catadores de lixo ideológico sabiam ter encontrado uma pepita de ouro no terreno baldio.

Veja a perfeição: a mostra trazia obras diversas, que ficariam lá sendo apreciadas ou não por quem quisesse ou deixasse de querer, mas o pulo do gato estava na programação — uma espécie de catequese homossexual para crianças, através de visitações escolares guiadas.

Ainda assim, passaria a ser uma questão entre expositores, pais e professores — e quem achasse errado, antinatural ou simplesmente estúpido reagiria como bem entendesse.

Entre os que acharam estúpido, surgiu um movimento de boicote à exposição. O movimento cresceu — provavelmente porque muita gente achou estúpido — e o banco resolveu cancelar. Festa na floresta.

Um falso profeta da liberdade de expressão reza todos os dias por um presente assim. Lá estava o seu general imaginário, o seu pitbull de pelúcia rosnando moralismo arcaico — enfim, sua razão panfletária de viver.

Até tinha gente a fim de discutir se aquilo não parecia um tipo de evangelização gay, se não era melhor deixar as escolas de fora e as crianças livres para decidir com os pais se visitariam ou não — mas já era tarde.

A tal exposição suspensa em Porto Alegre, que se chamava "Queermuseu" — sendo *queer* homossexual em inglês, ou bicha, ou bicha louca no dicionário Michaelis (prendam esse dicionário) —, já se tornara um símbolo da resistência contra as trevas medievais.

Os catadores de lixo ideológico tinham uma nova e preciosa manchete: fascistas proíbem arte gay.

Viu como não é tão difícil quanto parece?

Claro que o caso "Queermuseu" não é discussão de arte, nem de liberdade, mas, se você já sacou isso, fique na sua, que ninguém te perguntou nada. Quem atrapalhar o arrastão politicamente correto eles prendem e arrebentam — como diria o general (de verdade) da abertura.

O movimento gay eclodiu em São Francisco há meio século. Qualquer defensor real da causa homossexual hoje acha ridículo quem usa orgulho gay para se fantasiar de vanguarda. Esses são os coxinhas LGBT.

Os coxinhas LGBT querem (e conseguem) status e poder, assim como seus similares raciais e sociais. Todos eles ajudam a conquistar voto, mídia e grana — só não ajudam as próprias causas, mas isso é detalhe.

Naturalmente, sofrimento humano transformado em suvenir de malandro gera revolta e segregação (se você esteve no Brasil entre a primeira e a segunda década do século 21, sabe o que é isso). Mas não reaja, senão os monopolistas da bondade te acusarão de fermentar o ódio.

Enfim, não tem para onde correr.

E toda hora sai um correndo para o lado errado. No caso da exposição do Santander, que tinha subsídio estatal (Lei Rouanet), os críticos começaram a gritar que era um grande banco realizando aquilo "com o meu dinheiro" etc.

Ok, companheiro, mas a má notícia é que, nessa pornografia, o buraco é mais embaixo: fique à vontade para reclamar do uso do dinheiro privado também. O truque é mais esperto do que você imagina.

Todo proselitismo coitado é vendedor até prova em contrário (cadê as provas?), está tudo dominado, e quem não quiser consumir ou produzir esse lixo está fora. O enésimo recital de pieguice racial ou sexual está fadado ao sucesso.

O pobre coitado do marketing do Santander não tinha dúvidas de que convidar crianças recém-alfabetizadas para uma imersão estética pansexual era o melhor que ele fazia por seu emprego.

Alguns anos antes, quiseram retocar a obra de Monteiro Lobato por suposta luta contra o racismo. Os talibãs da diversidade queriam intervir no Sítio do Pica-Pau Amarelo, determinando quem poderia dizer o que lá dentro — e possivelmente passando a reforma da natureza para a OAS.

Os guerreiros da liberdade de expressão deviam estar de férias, porque não se ouviu a patrulha progressista gritando contra o atentado obscurantista.

Censura é censura, correto?

Errado. Para os talibãs da diversidade, tudo é relativo. Aí vão as provas.

* * *

A ditadura da pieguice conseguiu uma aceitação formidável, considerando-se o nível de totalitarismo a que chegou. Você sabe que é um totalitarismo do bem. Portanto, cale a boca e panflete. Mas de vez em quando surge uma reação insana.

Em São Paulo, por exemplo, um grupo de surtados queimou uma boneca da feminista Judith Butler em frente ao local onde a filósofa americana palestrava. Com a eficiência de sempre, a patrulha da liberdade denunciou a nova onda fascista — que cala quem ousar defender os direitos da mulher.

Agora veja como esse negócio de censura é relativo.

Responda ao teste:

Onde estavam esses mesmos ativistas libertários quando a blogueira cubana Yoani Sánchez foi impedida de palestrar, no grito, nessa mesma cidade de São Paulo, dentro de uma livraria?

a) De férias de novo;
b) Num congresso sobre liberdade de expressão no Afeganistão;
c) Em SP, na palestra de Yoani, gritando junto.

Essa ficou fácil demais. O *Manual* nem vai dar a resposta.

Pelas circunstâncias expostas, diferentemente de Judith Butler, Yoani Sánchez nem sequer conseguiu começar a falar.

Nem precisava: a palestra era sobre falta de liberdade — e a situação na ditadura cubana estava perfeitamente ilustrada pelo que acontecia na livraria brasileira.

Qual a necessidade de explicar o autoritarismo diante de uma tropa de manifestantes progressistas, libertários e adversários da sociedade moralista berrando, apitando e xingando? Todo mundo ali já sabia que reacionários são os outros.

Esse tipo de resistência democrática à la carte deu muitos frutos — como o tal 342 contra as trevas e seu precursor, o Procure Saber, esse que nasceu para lutar pelos direitos dos biógrafos de só escreverem o que os biografados quiserem (mediante um qualquer, que ninguém é de ferro).

O gene da liberdade, que esses heróis da MPB propagam incansavelmente, não deixa dúvidas: é proibido proibir — a não ser que estejam atrapalhando a minha lenda e os meus negócios.

Fora isso, todos juntos contra o tabu da nudez e do sexo, chocando a burguesia do século retrasado com nossos revolucionários de museu.

Em meio a mais esse fantástico remake da contracultura, surgiu no Leblon um grupo de mulheres fazendo topless contra a censura. Ninguém prestou muita atenção — o que foi uma falta de respeito com elas.

Mas aí alguém jogou a foto na internet, com a legenda explicando se tratar de um ato subversivo, e ficou tudo esclarecido.

Conclusão: nunca se esqueça de legendar o que você faz.

Só tome cuidado para não fazer a legenda errada. Por exemplo: se você diz que defende os direitos humanos e critica a ditadura sanguinária da Venezuela, já caiu em contradição. Todo mundo sabe que o tipo sanguíneo do massacre chavista é positivo e companheiro.

A brigada educacional teve inclusive uma grande sacada a esse respeito: propor que estudante flagrado desrespeitando os direitos humanos na prova do Enem levasse nota zero. Medida simples e genial.

Naturalmente você já supôs que tipo de junta democrática decidiria, caso a caso, o que são direitos humanos — e pode até imaginar a comissão de simpatizantes do PSOL, dos *black blocs*, do MST e do Maduro com a caneta em riste: quem for desumano leva porrada.

As cotas mentais

Para entender a nova definição de direitos humanos, vale voltar ao massacre da sexta-feira 13 em Paris — quando terroristas do Estado Islâmico metralharam centenas de pessoas pelas ruas, bares e boates.

O atentado, em novembro de 2015, pôs a Europa instantaneamente em estado de guerra, e o mundo, em estado de alerta.

No Brasil, porém, você só podia se indignar com um dos mais graves atentados da história da humanidade se lamentasse primeiro a ruptura de uma barragem em Mariana, Minas Gerais.

Está dando para entender? É um pouco complexo, mas você consegue.

A princípio, esse incrível dilema parece coisa do demônio — porque, como dizia Hélio Pellegrino, o demônio é burro. Só ele poderia, em meio ao sangue e à dor, sacar a calculadora.

Mas isso é porque você ainda está sob o efeito dos valores antigos, quando o ser humano se chocava e se revoltava com o que quisesse. Só o ser desumano decidia o que deve chocar e revoltar os outros.

Agora mudou. É esse último quem diz o que são direitos humanos, porque ele é imune ao sentimento e não se atrapalha com as emoções. Perplexidade, medo e morte não interferem nos seus cálculos solidários.

A nova ordem humanitária já estava em vigor naquela sexta-feira 13, e aí você tinha que pensar duas vezes antes de se horrorizar com a carnificina de Paris.

Sim, pois sempre haveria alguém ao seu lado, ou na sua tela, para denunciar o seu elitismo. E para te perguntar por que você não se chocava com a violência em Beirute. E para te ensinar que os próprios europeus eram os culpados de tudo.

Inútil discutir — como já foi dito, o demônio é burro. Mas se acha que isso é cerceamento da liberdade, você parou no tempo em que a verdade não tinha dono.

Quer evitar problema com a patrulha? É só ler a cartilha direito. Você vai sair falando fluentemente a língua correta.

"Os 130 mortos pelo Estado Islâmico em Paris não são nada perto da matança diária nas periferias brasileiras!", exclamará você, usando com destreza a calculadora do demônio.

Pronto, aí já pode falar de tudo sem pensar duas vezes. O ideal é não pensar nenhuma.

Foi pensando nisso — em não pensar — que os correligionários da brigada educacional vieram com outra medida libertária: uma nova Lei de Imprensa, igualzinha à da ditadura.

Fazia sentido: nem todo mundo é estudioso e obediente como você — e daqui até que a cartilha fosse decorada pela população inteira, ia demorar. Melhor adiantar o serviço, transformando logo a mídia em cartilha.

A lei obrigava os veículos de comunicação a dar o direito de resposta primeiro e se defender depois — o que na prática levaria jornais e TVs a ser editados com a ajuda do PT, ainda no poder e nas manchetes da Lava Jato.

Isso foi feito, portanto, no governo progressista de esquerda da presidenta mulher, apoiado pela turma da Delfim Moreira 342, da Mídia Ninja 171 e todos os gladiadores contra a censura.

Infelizmente não colou, e a medida foi derrubada na Justiça. Golpe.

Mas o espírito permaneceu e só fez prosperar. Muito melhor do que por medidas governamentais, a nova ordem marcial dos direitos humanos foi sendo gentilmente imposta pelo próprio povo na rua.

Nem o carnaval escapou.

* * *

Parecia a sexta-feira 13 em Paris: Maria Sapatão foi fuzilada a sangue--frio, ante os olhares atônitos dos foliões.

Numa sequência brutal, os *serial killers* do novo humanismo abriram fogo também contra Zezé, o da cabeleira. Dali em diante ninguém mais poderia perguntar "será que ele é?"

Abatido à queima-roupa, Zezé não era mais nada — nem transviado.

Numa faxina cultural que deixaria Mao Tsé-tung boquiaberto, os humanistas avançaram ainda sobre a mulata — um dos mais famosos símbolos carnavalescos — para acabar com a sua raça.

Quem mandou ficar rebolando?

A ofensiva implacável partiu de blocos de rua do Rio de Janeiro, banindo sem dó as tradicionais figuras supracitadas das marchinhas carnavalescas. Execução sumária.

Não pense que é fácil fazer uma revolução dessas: você precisa ter muita coragem para tirar a mulata de cena para combater um preconceito que ela não sabia que sofria. Mas você, humanista, sabe.

E, depois de afastá-la dos tamborins, passará a ensiná-la a se sentir violentada pelo racismo sempre que ouvir a palavra "mulata" — evidentemente, uma expressão cruel, cunhada como instrumento de dominação da elite branca.

É duro ser revolucionário, mas vale a recompensa: você não passava de um alienado idiota antes de transformar a mulata em credora racial (e fazê-la odiar quem a chama de mulata). Agora você é um herói progressista.

Os retrógrados não podem mais negar: Brasil e o mundo estão avançando rumo às cotas mentais.

Os conscientes estão aí para não deixar ninguém mais pular carnaval distraído, esquecendo-se da vingança contra a tribo inimiga. A perfeição chegará quando uma negra for beijada por um branco atrás do trio elétrico e lhe devolver uma chibatada — acerto de contas.

A verdade é que o politicamente correto é uma bênção. Quanta gente medíocre estava aí pelos cantos sem saber o que fazer com sua mania de grandeza?

Era um cenário desolador, de dar pena mesmo — felizmente já superado. Hoje você joga uma frase contra a homofobia na internet e vai dormir gigantesco. Ou sai do seu magma para afundar um país e vira mulher sapiens.

Maria Sapatão não teve a mesma sorte.

Indignada, ela escreveu uma carta ao *Manual do covarde* perguntando qual era a diferença entre revolução progressista e patrulha moralista.

Na mensagem, Maria queria saber também se a divisão de tudo por cor da pele, opção sexual e crachá ideológico era contra o preconceito ou a favor.

A ouvidoria do *Manual* respondeu à Sra. Maria Sapatão que suas perguntas eram tendenciosas e de cunho fascista. Recomendamos que ela voltasse democraticamente para o armário, junto com o Zezé.

Banana boa

De vez em quando a nova ordem é perturbada por outsiders teimosos. Foi o caso da humorista Ju Black Power, que contou nas redes sociais ter sido processada porque disse que era preta.

Possivelmente, o primeiro caso de ação judicial por preconceito racial contra si mesmo.

(Nota do *Manual*: por que contra "si mesmo" — esse genérico masculino ocultando a significação da mulher? Vamos consultar a ex-presidenta sapiens.)

O sucesso de Ju vinha da sua irreverência — inclusive quanto aos tabus raciais. Aí não dá. Alguém tinha que avisar essa moça de que o império da militância tolera tudo, menos humor.

Juliana Oliveira, a Ju Black Power, da equipe de Danilo Gentili na TV, respondeu assim à acusação de racismo contra si mesma: "Pô, preto é foda mesmo, hein?"

Absurdo. Ela deve ter se desencaminhado vendo Jô Soares fazer piada de gordo, Paulo Gustavo fazer piada de bicha e Bussunda fazer piada de judeu — todos traidores da missão de vingar a própria tribo.

Mais ou menos na mesma época, a atriz Taís Araújo foi à delegacia dar queixa de um comentário racista no Facebook. Depois avisou que não ia baixar a cabeça.

Imaginar uma atriz consagrada, estrela da principal emissora do país e querida por milhões de pessoas baixando a cabeça para um idiota do Facebook é um exercício e tanto.

Mas Taís manteve o foco nas tribos inimigas, sem descuidar das imaginárias — dizendo que a qualquer momento poderia ser chamada de "neguinha metida" —, e completou a sequência com uma declaração forte:

"No Brasil, a cor do meu filho faz com que as pessoas mudem de calçada."

Talvez Ju Black Power completasse:

"No que eu saio na rua, já mudo logo de calçada pra não cruzar comigo."

Pensando bem, se o Muro de Berlim pode se levantar de novo para aplaudir a saga de Dilma Rousseff, o Apartheid também pode reencarnar no Brasil para dar razão a Taís Araújo.

Mas o fantasma do regime nefasto da África branca mudaria de calçada ao avistar Seu Jorge. Numa entrevista ao *Roda Viva*, depois de responder uma série de perguntas sobre discriminação racial, o cantor e compositor resolveu perguntar também:

"Será que nós podemos falar de música?"

E o *Manual* aproveita para colocar também sua pergunta:

Existe racismo no Brasil? O Brasil é racista?

Você vai dizer que são duas perguntas, mas você está enganado. Eram. A diferença entre elas foi abolida pelo departamento de propaganda coitada — o mesmo que queria dar a reforma ortográfica do Sítio do Pica-Pau Amarelo para a OAS.

Fiquemos com a cena do jogo do Barcelona em que arremessaram uma banana na direção do brasileiro Daniel Alves. Ele baixou a cabeça.

Mas só para apanhar a banana. Descascou, comeu e bateu o escanteio (bem batido).

Totalmente errado. O jogador devia ter parado o jogo, chamado o juiz, a polícia e a imprensa, se ajoelhado diante da banana e feito um discurso febril contra a elite branca, propondo a interdição do estádio.

Da forma como Daniel reagiu, ele apenas ridicularizou o racista e o racismo — desperdiçando uma oportunidade de ouro de virar um herói moderno.

Assim não há lenda coitada que aguente.

Felizmente, o Brasil ainda tem guerreiros como Jean Wyllys e Jair Bolsonaro, dupla afinada que você verá a seguir dando um show de como investir no conflito — que é a alma do negócio.

* * *

Dilma Rousseff saiu pela porta dos fundos, mas deixou sementes férteis da lenda que sugou o Brasil por 13 anos sem perder a ternura.

Lutando bravamente contra o golpe de Estado que ceifou o assalto honesto e progressista da quadrilha, o deputado Jean Wyllys, gladiador do PSOL (também conhecido como PPP — Partido Pacifista da Porrada), fez história.

No plenário da Câmara dos Deputados, em plena sessão do impeachment, Wyllys deu uma cusparada na direção de Jair Bolsonaro — o deputado militar de direita que faz a alegria dos coitados profissionais.

Conforme já esclarecido pelo *Manual*: Jair & Jean *forever* vivem um para o outro e ganham um caminhão de votos a cada tapa de amor — não importando quem bateu, ou cuspiu.

Mas isso ainda é pensar pequeno. Não perca de vista que Bolsonaro — efeito colateral do arrastão politicamente correto — se tornou o *sparring* perfeito do maior e mais querido ladrão brasileiro, que o Datafolha sempre te lembra de ser a esperança progressista contra a direita reacionária.

E mais: Dilma vazou, a Operação Janoesley falhou, Lula se enrolou com Moro, mas a lenda do pobre coitado sobreviveu — mantendo a mina de ouro aberta aos genéricos (marinas, ciros, freixos, sem-tetos, sem-togas etc.).

Entendeu o significado valioso da cusparada de um gay profissional num filhote da ditadura?

É claro que a verdadeira causa homossexual só perde com as caricaturas. O próprio David Bowie, que se assumiu gay quase meio século antes e fez uma revolução com sua música, se cansou dos demagogos e mandou dizer que tinha se tornado “um heterossexual compulsivo”.

Mas quem está preocupado com causa verdadeira? É cada uma... Vamos focar.

O Brasil já passou pelo teste mais difícil, que foi inventar Dilma como símbolo feminista. Se fosse marchinha de carnaval, iam dizer que o deboche estava exagerado.

Mas deu tudo certo — e aí este *Manual* se emociona com a força do despertar político deste século:

Mrs. Rousseff, fabricada e tutelada por um homem, oprimida por seu próprio intelecto fugidio, rainha dos memes hilariantes, coveira da economia de um país continental, foi parar nos rankings internacionais de mulheres mais importantes do mundo — com elogio de Jane Fonda e tudo.

É ou não é para encher o peito de esperança?

Na próxima Lição, veja o que acontece com mulher que não anda na linha — e com quem ousa mexer com o cafetão-chefe.

LIÇÃO Nº 6

O dia das bruxas
e o feminismo tarja preta

Imagine se os fiéis descobrem que Gleisi propôs greve de sexo no Dia da Mulher só porque ela ganha a vida assim (não com o sexo, com a greve).

Em março de 2017, a Lava Jato perdeu a chance de se tornar a principal instituição feminista do país prendendo Dilma Rousseff no Dia Internacional da Mulher.

Era a primeira vez que a grande data pegava a companheira sem foro privilegiado, após o impeachment. E a delação da Odebrecht acabara de confirmar o óbvio — que ela sabia e participara de tudo (tudo, no caso, significando o maior assalto aos cofres públicos da história).

Mas Dilma continuaria à solta, enquanto o companheiro Fachin usava a planilha da Odebrecht para fingir que político é tudo corrupto, embaçar a cena e preparar a Operação Janoesley — que eclodiria em maio, mas estava em seus preparativos subterrâneos naquele exato momento.

Com a lista de Fachin, o Brasil começava a perder a mira, louco para ser depenado de novo — e ele é bom nisso.

Pode-se dizer que aquele Dia da Mulher resumiu a alma do gigante.

Após o golpe do homem branco e velho, qual era o perfil do poder feminino no país? O Brasil não saberia responder, atordoado com a pistolagem das viúvas da presidenta mulher.

Respondamos por ele: o novo perfil feminino do Brasil pós-impeachment era Maria Silvia Bastos Marques.

Quem?

Maria Silvia, economista de ponta, empossada pelo novo governo na presidência do BNDES, um dos maiores bancos públicos do mundo.

Tá, e o que ela estava fazendo lá?

Basicamente, salvando o banco (e o dinheiro do contribuinte) do desastre perpetrado pelo governo das companheiras empoderadas.

Só isso?

Não. Maria Silvia enfrentava outros problemas sérios: não tinha surgido à sombra de máquina partidária nenhuma e não se projetara com proselitismo coitado, nem batendo boca com político machista para se vitimizar.

Ou seja: uma intrusa.

E para piorar: era independente, poderosa por suas virtudes, bela, elegante e ética.

Agora você já pode responder ao teste do *Manual* sobre feminismo.

No Dia Internacional da Mulher, Maria Silvia Bastos Marques foi:

a) Manchete de jornais e revistas sobre empoderamento;
b) Homenageada por entidades de defesa dos direitos da mulher;
c) Entrevistada na TV sobre sua carreira de sucesso;
d) Condecorada com a Ordem do Rio Branco, como D. Marisa Letícia;
e) Completamente ignorada.

Resposta: se você demorou mais de 25 segundos para marcar a opção correta, está convidado para um café da manhã, no dia 8 de março, com Maria do Rosário e Jandira Feghali, para aguçar seus reflexos.

Agora esqueça Maria Silvia, que não interessa a ninguém. Quem foi notícia no Dia da Mulher de 2017 foi Gleisi Hoffmann.

A senadora petista indiciada na Lava Jato, codinome "Amante" na lista de propina da Odebrecht, estava nas manchetes propondo uma greve de sexo. O Brasil que elegeu Dilma duas vezes entende de mulher.

O motivo da greve de Gleisi não estava muito claro — talvez a turma da Odebrecht pudesse explicar após o banho de sol —, mas tinha a ver com o golpe machista contra a república de Erenice, Rosemary, Ideli, Jandira, Graça, Belchior, Rosário, Gleisi, Dilma e grande elenco cor-de-rosa.

Que falta faz um governo feminino.

E o Brasil tendo que aguentar Maria Silvia, a economista prodígio sem o menor charme revolucionário, a quem não dão nem um buquê no Dia da Mulher.

Em lugar de flores, o que se via era uma plantação de notinhas na imprensa sobre empresários reclamando do BNDES — ou seja, caprichando na fritura da intrusa.

Lugar de mulher que não colabora é na cozinha.

Talvez você não esteja ligando o nome à pessoa jurídica, seu distraído, mas o BNDES é aquele mesmo que pariu Joesley, o laranja biônico do PT — em operações que, pelo amor de Deus, não podiam cair nas mãos da polícia.

Entendeu por que os "empresários" apareciam "insatisfeitos" na imprensa amiga, alertando para a gestão antissocial de Maria Silvia?

Agora adivinhe o que aconteceria com ela dois meses depois, na revolução de Maio de 17, também conhecida como Operação Janoesley.

Acertou, danado.

E foi melhor assim. Não ficava nem bem para uma instituição consagrada em negociatas com Lula e a Odebrecht ao redor do mundo permanecer nas mãos de uma executiva que nem comemorava o Dia da Mulher.

Vá entendendo por que Lula não podia cair em desgraça de jeito nenhum. Se o mito murchasse, qual um pixuleco inflável esfaqueado por um militante do MST, a carruagem virava abóbora.

Imagine Dilma sem Lula, desfalcando sua lojinha de 1,99 para comprar mortadela no mercado. Jane Fonda não sabe como a vida pode ser dura.

Por isso uma mulher como Maria Silvia Bastos Marques precisa ser removida do caminho. É uma gente neoliberal que tem mania de tirar a alegria dos outros.

A lenda do filho do Brasil virou um organismo vivo. É que nem tráfico de drogas: deitou raiz para tudo que é lado, se tornou meio de vida para muita gente, o sistema simplesmente não deixa acabar.

O mecanismo é foda, parceiro.

E o mito da inocência de Lula é o lastro da crença geral, que não pode ser quebrada. Imagine se os fiéis descobrem que Gleisi propôs greve de sexo no Dia da Mulher só porque ela ganha a vida assim (não com o sexo, com a greve).

Mas nessas horas todo mundo se ajuda e fica tudo bem.

No que ia se aproximando a condenação do ex-presidente por Sergio Moro, brotava uma pesquisa aqui, outra ali, desfilando a liderança dele para 2018 — e retomando com jeito o fantasminha camarada do golpe.

Jogando por música, aparecia em seguida um ator (in)consciente ou um plantonista da MPB declarando do nada que votariam em Lula. Era uma espécie de caixa dois de reputação, esquema que a Lava Jato não pega.

Tudo é uma questão de jurisprudência: se já tentaram relativizar até o holocausto, por que não o petrolão?

O *Manual* reitera: é preciso muita coragem para se chegar à verdadeira covardia.

E, depois de empurrar o BNDES para debaixo do tapete, chegava a vez da Petrobras.

* * *

Assim como o silêncio ensurdecedor da patrulha progressista na posse de Maria Silvia, a entrega da presidência da Petrobras (foco do escândalo) a Pedro Parente (executivo de prestígio internacional) pegou a patrulha moralizadora de férias.

Nem um pio dos éticos sobre a retirada da maior empresa do país das garras petistas que a haviam levado gloriosamente à lona.

Absurdo. Vocês não poderiam ter aceitado assim, de bico calado, a entrega escandalosa da Petrobras a Parente.

Vocês não pensaram nas consequências disso? Quantos doleiros e tesoureiros progressistas ficariam à míngua?

Quantas eleições presidenciais e parlamentares deixariam de ser compradas, desempregando milhares de funcionários de gráficas fantasmas? E o desemprego nas agências de publicidade de fachada? Não imaginaram o baque no mercado de jornalistas de aluguel?

Será possível que vocês, gladiadores da resistência democrática, se esqueceram de quem era Pedro Parente?

Então compreendam a gravidade da coisa: quase 20 anos antes, Pedro Parente foi um dos culpados por uma barbaridade chamada Lei de Responsabilidade Fiscal. Não estão ligando o nome à pessoa jurídica?

Refrescando: foi essa maldita excrescência que derrubou a bicicleta da nossa presidenta mulher, quando ela pedalava graciosamente o dinheiro do povo.

Esses golpistas pensam em tudo. Junto com a gangue do Plano Real, Parente previu lá atrás que um dia os companheiros chegariam ao poder, e criariam uma maravilha chamada contabilidade criativa — que é você conquistar a liberdade de gastar sem culpa o dinheiro dos outros.

Entendeu o golpe?

O mesmo cidadão que tramou a queda de Dilma com duas décadas de antecedência era agora colocado para reprimir o assalto progressista e democrático à Petrobras.

Mas aí vem a beleza de um país que não se afasta dos valores certos.

Parente não sucumbiu à frigideira como Maria Silvia, talvez por ter tirado a empresa do vermelho em tempo recorde, e ficou dois anos no cargo — só que ficou falando sozinho:

Uma vez saneada, a Petrobras, centro do maior escândalo de corrupção já conhecido, sumiu do noticiário político.

Pode se arrepiar, não tenha vergonha — porque vergonha no Brasil é bobagem.

Mas se não era a salvação da maior empresa nacional do estupro do petrolão que estava nas manchetes, o que estava?

A volta da onda conservadora — denunciada por... Dilma Rousseff. Veja com seus próprios olhos.

Assédio — o filme

"É intolerável que o machismo encontre eco no pensamento conservador e justifique o feminicídio."

Este *Manual* transborda de orgulho toda vez que tem a oportunidade de citar o pensamento de uma das mulheres mais importantes do mundo. Só descansaremos quando Erenice também for descoberta por Jane Fonda.

Esse brado contra o feminicídio ocorreu quase um ano depois do *dilmicídio* — quando a presidenta vingou o companheiro Getúlio escapando do suicídio graças à democracia brasileira, que estava lhe dando um golpe.

Você se lembra bem da linha de raciocínio — inesquecível — e está apto a continuar acompanhando-a:

A primeira mulher a governar o Brasil fora deposta pelo machismo, e a partir dali qualquer sofrimento feminino seria uma metáfora do golpe do homem branco — como Sonia Braga já avisara em Cannes.

Dilma Cravo e Canela (uma no cravo, outra na canela) estava montando seu novo palanque, no caso, sobre uma chacina em Campinas — na qual um homem matou doze pessoas (nove mulheres) numa festa e se matou.

Seu discurso acompanhava toda uma claque de arautos do obscurantismo, anunciando em coro que a chacina de Campinas era "o primeiro crime da guinada conservadora".

O assassino estava morto, mas a bandidagem intelectual brasileira passava bem.

Está provado, na nova ordem dos direitos desumanos, que transformar a dor e o sangue de pessoas que você nem conhece em investimento político-ideológico dá retorno. Lembre-se da sexta-feira 13 em Paris.

E lá estava a diva do feminicídio, com seu palanque portátil montado em tempo recorde sobre os cadáveres — e os urubus sobrevoando a cena chocados, sem coragem de se aproximar.

Fosse qual fosse a intensidade da tal onda conservadora, ela ainda precisaria reunir um exército inteiro se quisesse igualar o poder degenerativo da senhora do petrolão.

Esses machistas não sabem o que é destruição em massa.

Sucesso em Cannes e Berlim, a nova resistência feminista *prêt-à-porter* arrasou também em Hollywood.

* * *

Dessa vez Meryl Streep não chorou. Na edição anterior do Globo de Ouro, suas lágrimas correram o mundo anunciando o apocalipse com a derrota da companheira Hillary: os EUA tinham caído nas mãos da elite branca.

Um ano depois, janeiro de 2018, o emprego entre negros e hispânicos no país tinha alcançado nível recorde. E o tema deixou de comover a grande atriz.

Ela e seus colegas, preocupadíssimos em defender alguma vítima de alguma coisa, decidiram, então, mudar de assunto.

Com a desoladora notícia de que os fracos e oprimidos tinham melhorado de vida no primeiro ano do governo assassino, a brigada salvacionista concentrou-se nos casos de assédio sexual.

A convocação da estilista que organizou o protesto dos trajes pretos era uma fofura, tipo "não é uma boa hora para você bancar a pessoa errada e ficar fora dessa".

Se uma intimação assim viesse do inimigo, era assédio moral na certa.

Mas o show tinha que continuar, e a butique ideológica foi um arraso.

O *stand up* apocalíptico de Meryl Streep em 2017 deu lugar ao palanque apoteótico de Oprah Winfrey — aclamada, eleita e empossada no ato como a nova presidente dos Estados Unidos da América. Faltavam apenas uns detalhes burocráticos, bobagens da vida real — que só existe para atrapalhar, como mostravam os números do emprego.

O ideal seria se Oprah tivesse podido culpar o agente laranja da Casa Branca pela marginalização dos negros, mas não se pode ter tudo.

Aí ela gritou pela mulher. E todo mundo chorou de novo, que nem no apocalipse da Meryl. Se Obama ganhou o Nobel da Paz antes de começar a governar, Oprah era capaz de levar o prêmio ainda no tapete vermelho.

Depois, como sempre, surgiram os estraga prazeres. Eles vieram lembrar a bonita sintonia da apresentadora com o dublê de produtor e predador Harvey Weinstein — sem uma única palavra dela sobre os métodos do selvagem de Hollywood.

E ainda veio o cantor Seal, que também é negro, dizer que Oprah era "hipócrita" e "parte do problema". Impressionante como essa gente não sabe assistir a um *happy ending* em paz.

O governo Oprah deveria começar construindo um muro para os invejosos não secarem mais o Globo de Ouro. Quem viesse com comentários desagradáveis sobre esse impecável teatro de solidariedade seria deportado.

Não faz sentido você ter um trabalhão montando a coleção outono-inverno do luto sexual para vir um bando de forasteiros rasgar a fantasia e estragar a festa.

Como se não bastasse, ainda apareceu Catherine Deneuve para jogar a pá de cal no picadeiro. Mais uma invejosa. Sobe logo esse muro, presidenta.

Catherine e suas colegas disseram, com jeitinho, que o suposto despertar feminista hollywoodiano é basicamente um show autopromocional e não ataca o problema real.

Absurdo. Cadê o 342 de lá para enquadrar essas reacionárias?

E La Deneuve disse mais: as estrelas falsamente engajadas trazem, na verdade, uma ameaça de retorno à "moral vitoriana", escondida nessa "febre por enviar os porcos ao matadouro" — nas palavras do manifesto publicado no *Le Monde*.

Tradução do *Manual*: Catherine disse que não há nada mais moralista e reacionário que o politicamente correto.

Blasfêmia. Prendam essa atriz. Peçam uma denúncia ao Janot, uma homologação ao Fachin, mandem a Gleisi processar, sei lá. Façam alguma coisa.

A patrulha do bem até que fez a sua parte, acusando as francesas de complacência com o machismo tirânico. Vejam como Dilma realmente influencia o planeta.

É isso aí. A caça às bruxas estava funcionando lindamente, misturando sedução com agressão, banindo grandes artistas em série com um estalar de lábios — um show de extermínio altamente vendedor.

Quem essa Catherine Deneuve pensa que é? Uma Erenice?

Esse tipo de reação tem de ser cortado na raiz, senão a narrativa dança. Danuza Leão já foi dizendo que o desfile dos vestidos pretos no Globo de Ouro parecia um velório. Sobe esse muro, Oprah!

E Aguinaldo Silva, que vinha sendo patrulhado por ser gay e não fazer proselitismo gay, disse que investigar e punir José Mayer por assédio sexual não deveria sacrificar sua carreira.

A Meryl deveria explicar ao Aguinaldo que sem funeral não tem graça.

Como já explicou a turma do proibido proibir, censura e autoritarismo são coisas relativas.

No caso da criança viada, por exemplo, uns procuradores vocacionados para o estrelato resolveram defender a liberdade da seguinte forma: obrigando o Santander a remontar a exposição.

Simplesmente genial.

Nunca é demais lembrar as palavras do general da ditadura, inspiração evidente desses novos heróis da resistência democrática:

"Quem ameaçar a abertura política, eu prendo e arrebento."

E quem ameaçar o meu direito de aparecer na mídia como gladiador da diversidade, almoxarife da liberdade sexual e despachante da MPB, eu mando pro museu.

Pela primeira vez na história, a liberdade de expressão chegou por condução coercitiva.

Catherine Deneuve talvez dissesse que esses pioneiros da educação sexual na marra são os reacionários trans. Mas, se ela ligar aqui para o Conselho Superior do *Manual do covarde*, diremos que estamos em reunião.

E estamos mesmo. Discutiremos agora, para posterior deliberação, se Anitta na laje é cachorra ou empoderada.

Não é não, seu juiz

A questão é complexa. Lulu Santos chegou a dizer que o hit "Vai, malandra" (a vírgula é cortesia do *Manual*), um mergulho estético-anatômico em sua excelência, o bumbum, denotava o regresso da MPB à fase anal.

É difícil saber em que fase a MPB de fato está, mas, considerando sua transformação em anexo do MST, Lulu podia estar sendo otimista.

O fato é que, em termos de vulgaridade *premium*, Anitta foi modesta para os padrões contemporâneos do *showbis*.

Bastaria notar, por exemplo, seu colega Gabriel Predador — que viveu 13 anos como rebelde a favor e saiu da clandestinidade para "matar o presidente" assim que os seus ladrões de estimação foram depostos.

Anitta foi ousada, mas não chegou a pedir a ninguém para pensar com o bumbum.

Quem não se lembra daquelas bandas rebeldes no Rock in Rio e seus gritos contra a corrupção que preservavam, heroicamente, todo o presépio do PT? Ali nascia a nova moralidade — uma espécie de ética à prova de Lula.

Diante de um despertar político com esse nível de honestidade e bravura, você há de convir que um rebolado de biquíni na laje é quase chique.

Abstraindo-se o preconceito, o clipe de Anitta poderia até ser inspirador para artistas como Bono Vox. Pode-se dizer que, de certa forma, eles estão na mesma praia.

Responda ao teste para checar se compreendeu a formulação acima:

— Um artista que virou embaixador dos mais importantes e respeitados picaretas e sanguinários do Terceiro Mundo e lucra uma barbaridade com isso está fazendo o quê?

a) Ajudando os pobres;
b) Disseminando a arte;
c) Brincando com o bumbum alheio.

Parabéns! Você acertou de novo.

Cabe apenas ressalvar que, nessa fase cubista (como diagnosticou Lulu), Anitta supera Bono largamente no quesito sinceridade de propósito.

Como se vê, a polêmica em torno da funkeira carioca foi um tanto exagerada. Em termos de compostura, o que a estrela do "show das poderosas" ficaria a dever a um Roger Waters?

Um astro que sai da Inglaterra (ou nem sai) para retocar seu bronzeado artificial de esquerda numa laje tropical, pichando o muro do Pink Floyd com uma exaltação a Dilma — vai, malandra, roubar os otários do seu país...

Francamente: ponha Waters e Anitta lado a lado e responda quem é a periguete.

Sem mais, segue o veredito do Conselho:

1. Anitta está condenada por excesso de franqueza. Não conseguimos encontrar em sua obra e em sua atitude clichês suficientemente claros de empoderamento, o que é grave.
2. Também não podemos classificá-la como cachorra, recomendando um ataque feminista com Gleisi Carabina e Dilma Pasadena à frente, pois a funkeira tem muita grana e mídia — e nós somos covardes, como diz o título do *Manual*. Meia-volta.
3. Resta uma chance: surgir uma tia decrépita reclamando da "pouca-vergonha" da cantora. Aí, sim. A tropa da Delfim Moreira 342 poderá pular na trincheira da malandra, com a faca entre os dentes, defendendo a arte da nudez, ou a nudez da arte, e denunciando a onda conservadora.
4. Caso se consume a hipótese formulada no item 3, brincar de bumbum poderá até virar revolução.

Alguém aí tem uma tia decrépita para emprestar?

* * *

Na dúvida entre fuzilar os homens — estupradores em potencial — e soltar a franga na laje, as revolucionárias recatadas e do lar se complicaram no carnaval.

São complicados mesmo esses dilemas entre lutar contra a censura e censurar, tirar a roupa no museu ou vestir luto no cinema, exaltar ou desprezar a Anitta, defender a mulher ou a transexual no vôlei feminino (mexeu com todas, mexeu com nenhuma?), e por aí vai.

O caso Maria Silvia no BNDES, por exemplo, já tinha mostrado que o certo pode ser a mulher apanhar calada — se a agressão for provocada por um príncipe como o filho do Brasil.

E não deu outra no carnaval 2018: o protesto contra a corrupção se esqueceu de Lula e a reação à onda conservadora acabou tendo a colombina fantasiada com um "não" ao pierrô.

Nos blocos cariocas, a grande tara das empoderadas era protestar contra Crivella, o prefeito-pastor careta e repressor. Mas eis que elas surgem em modo velório hollywoodiano — trocando os vestidos pretos por um "não é não" no peito.

Nunca antes neste país do carnaval.

Mas valeu a pena. A cena que deve ter enchido o prefeito-pastor de paz e esperança.

Vida de revolucionária recatada e do lar não é fácil. É a mesma ala moderna e descolada que apoiou a censura às marchinhas para proteger a cabeleira do Zezé e outras minorias oprimidas.

Esse é hoje o maior bloco do mundo: os heróis reciclados da contracultura (meio século de mofo). Autoritários fantasiados de libertários é muito mais radical que homem vestido de mulher.

E o sucesso é inegável: qualquer canal de TV que você sintonize, lá estará esse lixo extraordinário — assim como no cinema, na TV, no museu, no bar da esquina e, para os menos afortunados, na cama.

Para onde você correr haverá um patrulheiro com uma lição de vida solene.

Catherine Deneuve diria que essa gente deve estar usando cinto de castidade mental. Fica na sua, querida.

Se "Não é não" virou símbolo de afirmação feminina, "Vem *ni* mim que eu sou *facinha*" (bloco que celebrava a *pegação*) deveria ser banido por apologia ao assédio, vulgarização da mulher e desempoderamento.

O ideal seria a ala das revolucionárias recatadas desfilar só para o irmão Crivella, deixando claro que beijo roubado é crime — diferentemente de dinheiro roubado, que a ala apoiava, inclusive aplaudindo o ladrão (como visto em comício pré-carnavalesco no Teatro Oi Casa Grande).

Outra boa ideia seria estender ao empoderamento carnavalesco os gastos multimilionários dos companheiros golpeados para se manter à solta. Um Sepúlveda Pertence para cada foliã.

Já para Lula, que acabara de ser condenado em segunda instância pelo triplex e via o cerco se fechando, talvez valesse a tática inversa: enfrentar Sergio Moro com um "não é não" tatuado no peito.

LIÇÃO Nº 7

O cara

e o populismo sangue bom

A brigada do Moro matou o sonho de um Brasil bolivariano e igualitário, com todos apanhando juntos na fila do papel higiênico.

Lula andou sendo cogitado para receber o Prêmio Nobel da Paz. Tais rumores não surpreendem este *Manual*.

E também não causa nenhuma surpresa — ao contrário, faz todo o sentido — que esses rumores tenham sido ainda mais fortes depois que o suposto candidato virou um condenado.

A maior referência em termos de Prêmio Nobel nesta nossa história é o argentino Adolfo Pérez Esquivel — que irrompeu no parlamento brasileiro para um gesto heroico em defesa da delinquência democrática de Dilma, a mulher.

Ninguém deu muita bola, conhecendo seu currículo de apoio aos mais simpáticos picaretas do continente, mas pro filme foi legal — especialmente considerando-se que não deu tempo de ensaiar.

E o que vale é a lenda, como este *Manual* já se cansou de repetir.

Isto posto, fica mais do que evidente ser o filho do Brasil merecedor da honraria. Ninguém fez mais do que este homem pela paz — vocês precisam ir a Atibaia. Aquilo lá chega a dar sono, de tanta paz.

É bem verdade que ele não fez isso tudo sozinho. Mas certamente não se importará de dividir o Nobel com os ativistas da Odebrecht.

Como não existe história perfeita, teremos que citar também o Nobel Mario Vargas Llosa, este de Literatura. Um sujeito conhecido por criticar ditaduras humanitárias como a de Nicolás Maduro já merece a nossa desconfiança.

Pois bem: esse peruano falante, a quem ninguém perguntou nada, declarou o seguinte:

"É um milagre que Sergio Moro continue vivo."

Calma aí, companheiro. Só porque eles pagam umas patrulhas fantasiadas de militantes para arrebentar geral e mataram o Celso Daniel, mais uma penca de testemunhas do caso, não significa que tenham desistido da paz.

Além disso, o esquema lá no ABC envolvia grandes interesses dos barões da coleta de lixo. Já a Lava Jato, liderada por Moro, envolve só pé rapado de empreiteira, contrato de petróleo, usina, estádio de futebol, enfim, um monte de merreca que o PT embolsou quase que por distração.

O próprio regime de Maduro, parceiro de fé do Lula, prova a índole pacífica da turma. Dizem que correu muito sangue na Venezuela, mas, se isso é verdade, foi sem querer.

Um caso emblemático para confirmar que os companheiros são de boa paz — e que, portanto, Sergio Moro não corre risco algum — é o do promotor argentino Alberto Nisman.

Na véspera de sua denúncia contra Cristina Kirchner, da conexão-ternura do Lula, o promotor foi encontrado morto.

* * *

Nisman ia ao parlamento acusar a presidente Cristina Kirchner de tentar um acordo espúrio com o Irã para conseguir petróleo para o seu país falido. Um dia antes do depoimento, o promotor foi achado morto com um tiro na cabeça. As autoridades responsáveis pela autópsia não titubearam: suicídio.

O mais interessante foi que as investigações apenas começavam e Cristina já se referia categórica e oficialmente ao crime como suicídio. Intuição feminina.

Informações gerais: Alberto Nisman era um homem jovem, positivo e motivado, sem sinais de perturbação — mesmo submetido a pressões fortes, como naquele momento. Ele já avisara que sua vida estava em risco.

E deixara para a empregada uma lista de compras para o dia seguinte.

Vargas Llosa precisa entender que tudo isso é normal na América bolivariana desafeta de Sergio Moro.

As investigações sobre a Odebrecht, aliás, puseram na cadeia um conterrâneo do escritor, o ex-presidente Ollanta Humala, amigo do PT. O pobre homem só caiu porque não tinha a intuição de Cristina.

Ollanta não deve ter aprendido direito que esse tipo de blindagem não tem mistério:

- domesticar a imprensa (ver asfixia do *Clarín* por Kirchner);
- comprar o Judiciário (com o caixa do roubo ao Estado);
- adestrar os índices de inflação e afins;
- gritar contra o imperialismo *yankee* para dar calote patriótico;
- correr pro abraço.

Se aparecer um Nisman, você torce para ele desistir de viver (torce com força).

Se aparecer um Moro, você...

Bem: se aparecer um Moro, primeiro você vê se o Vargas Llosa já foi dormir.

Não foi? Esse cara não dorme?

Nesse caso, você põe o STF pra ir cortando as asinhas do juizeco.

Já tentou? Não conseguiram cortar?

Revoltante. Você passa uma vida adubando um Lewandowski, um Toffoli, um Barroso, um Fachin, e, na hora que você mais precisa, os caras te deixam na mão. Cadê Carminha? Dando entrevista? Como fala, essa gente.

Mas tudo bem. Então quebra a perna dele.

Não, não... Calma! Foi uma metáfora. Quebrar a perna significa tirar os inquéritos da mão dele, mandar pra juiz amigo em Brasília, enfim, rotina.

Tá difícil também? Ele levanta novas provas? Tem povo na rua apoiando o cara?

Aí é complicado... Bom, sendo assim é melhor você fechar o *Manual* e conversamos pessoalmente. Passa em Atibaia pra tomar um copo d'água.

O que o *Manual* pode dizer é que Sergio Moro relatou uma série de ameaças a ele e sua família desde que começou a investigar a quadrilha companheira — o que só pode ser blefe desse juiz fascista.

O Nisman também vivia reclamando disso. Essa gente tem mania de perseguição.

Um dia ainda vão provar que o Celso Daniel também se suicidou.

O pacifismo do PT ficou mais do que claro na irmandade de Lula com Ahmadinejad, o tarado atômico do Irã.

Uma vez, o ditador gente boa precisou mandar para a vala uns opositores que estavam bagunçando a rua, e o então presidente brasileiro declarou ao mundo que aquilo era um conflito normal — "que nem briga de flamenguista e vascaíno".

Entre outras trocas amistosas, o PT queria a tecnologia nuclear iraniana.

Foi com esse espírito fraterno que o candidato petista ao Nobel da Paz abrigou um companheiro da Al-Qaeda, condenado por terrorismo na França.

Fênix da Sombra

A ideia básica é esvaziar o sangue do inimigo.

Essa era a doutrina do argelino Adlène Hicheur, naturalizado francês e abrigado pelo PT no Brasil, sob as bênçãos da presidenta mulher.

O governo Dilma Rousseff concedeu uma bolsa do CNPq (Conselho Nacional de Desenvolvimento Científico e Tecnológico) para que o companheiro explosivo — condenado por planejar um desses ataques que fazem centenas de vítimas — pudesse trabalhar como físico na Universidade Federal do Rio de Janeiro.

Quando o caso foi descoberto, o governo popular e pacifista reagiu imediatamente: declarou que ia averiguar, sem precipitações.

Veja o professor da UFRJ trabalhando pelo desenvolvimento científico e tecnológico com o membro da Al-Qaeda Fênix da Sombra:

"Se sua proposta (montar uma unidade terrorista na França) se trata de uma estratégia precisa — como trabalhar no seio da casa do inimigo central e esvaziar o sangue de suas forças —, é preciso então que eu revise o plano que havia preparado."

O Brasil realmente não poderia abrir mão de um cientista dessa categoria.

Na conversa do hóspede do PT com o companheiro Phenix Shadow (nome original do interlocutor dele na confraria de Osama Bin Laden), é mencionada a estratégia de provocar nos seus alvos capitalistas a "recessão econômica".

Aí fica tudo definitivamente claro.

O governo Dilma não poderia demitir um agente da Al-Qaeda que fazia exatamente o mesmo trabalho realizado pelo PT em 13 anos.

É bem verdade que a Al-Qaeda jamais provocaria uma recessão como a do PT, mas o exterminador estava no Brasil para aprender.

O importante era que, como os petistas também trabalhavam para esvaziar o sangue das forças do inimigo — com resultados fabulosos —, estavam todos falando a mesma língua.

A única diferença era que, nas mensagens internas da Al-Qaeda, tudo era "se Deus quiser" ou "graças a Deus", e, entre os companheiros, é tudo graças a Lula (não precisam dizer se Lula quiser, porque ele quer).

O caso da Bolsa Terrorista expôs a exata doutrina dos governos do PT: espalhar células "anticapitalistas" pelo sistema (todo mundo de crachá progressista) para esvaziar o sangue das instituições e então depená-las.

Quanto maior a crise econômica, menor a força da sociedade para deter o avanço dos seus crimes. Os caras são bons.

E a presença de um embaixador da Al-Qaeda numa universidade brasileira é o melhor símbolo da conciliação entre educação e destruição — conquista impressionante dos companheiros pacifistas.

Junto com a diplomacia dos *black blocs*, gentilmente cedidos pelos professores do PSOL e ninjas associados, criaram um movimento de ocupação de escolas e bloqueio de ruas — incendiando geral em defesa da educação e contra o golpe.

Tudo muito cuidadoso, até com hino composto especialmente pela MPB, para manter o verniz de revolução estudantil e poder depredar à vontade.

Depois que Dilma caiu, o companheiro Adlène Hicheur foi convidado a ir cantar em outra freguesia — e virou mártir da discriminação da elite branca contra o "mundo árabe".

Tradução do *Manual*: sempre que um petista está com vontade de jogar pedra em alguém, ele diz que vai pedir ajuda ao mundo árabe.

No auge da exuberância diplomática — quando chegaram a acreditar que iam domar o mundo com chicote chavista e bomba fundamentalista — Dilma disse à ONU que era preciso negociar com o Estado Islâmico.

Enfim: tudo gente boa, e o Sergio Moro está é com inveja do Nobel da Paz que o Lula merece.

Agora que está todo mundo em segurança, vamos dar um pulo na Venezuela, que o companheiro Maduro está precisando de uma forcinha no embate entre flamenguistas e vascaínos.

* * *

Às vésperas de seu depoimento crucial no processo do triplex, em maio de 2017, quando estaria frente a frente com Sergio Moro, o pacifista de Atibaia ameaçou prender o juiz.

"É melhor eles me prenderem logo", bradou Lula num comício. Do contrário, lhes dariam a chance de "mandar prendê-los".

Lá estava o espírito bolivariano que suicidou Alberto Nisman, pairando solene acima das leis — numa sequência que incluiria ameaças de convulsão pelo MST e avisos como o da senadora Gleisi:

"Para prender Lula, vai ter que matar gente."

Por uma coincidência progressista e libertária, nessa hora o pau estava comendo no quintal do companheiro Maduro — e a guarda chavista produzia mais uma de suas cenas clássicas, com uma jornalista sendo chutada no chão.

Aí o PT reagiu: soltou uma nota oficial esclarecendo que estava tudo normal na Venezuela.

Aquelas notícias horríveis que rodavam o mundo eram a versão conspiratória da grande imprensa, esclarecia o partido. Junto ao governo brasileiro golpista, a mídia queria "atacar a esquerda no continente".

Tradução do *Manual*: botinada na jornalista e nos fatos — sem perder a ternura, para não dar na vista.

Não era possível que Sergio Moro não estivesse entendendo todos os recados amigáveis enviados em sua direção — e finalmente decidisse, por bem, parar de brincar com fogo.

Mas o juiz parecia surdo. Pouco antes de seu encontro com Lula para interrogá-lo — que a imprensa amiga chamava de "duelo" —, Moro condenou o companheiro André Vargas a mais quatro anos de prisão em regime fechado.

Você já se esqueceu de quem foi André Vargas — mas não se preocupe, isso é normal como a sangria na Venezuela. Ninguém é obrigado a decorar James Joyce, nem a literatura completa da Lava Jato.

André Vargas foi um meteoro petista, desses que viravam personalidades proeminentes da República da noite para o dia — na época que os companheiros eram donos do pedaço.

Um dia André Vargas não era ninguém, no outro era vice-presidente da Câmara dos Deputados, desafiando publicamente Joaquim Barbosa com o famoso punho cerrado de José Dirceu, o Simón Bolívar do Paraná.

Joaquim Barbosa foi quem condenou a turma de Dirceu pelo mensalão (e depois foi para a internet defender as pedaladas de Dilma).

Mensalão era um escândalo sem precedentes até surgir a Lava Jato. E a Lava Jato começou revelando ao Brasil o segredo da ascensão meteórica de André Vargas no partido governante: dinheiro roubado.

Você pode não se lembrar do meliante, mas o dinheiro era seu.

Enfim, tudo normal na Venezuela — e os companheiros quase iam conseguindo instaurar essa normalidade no Brasil. Foi aí que pegaram André Vargas e os doleiros da revolução.

E foi assim que Sergio Moro e sua brigada golpista começaram a matar o sonho de um Brasil bolivariano e igualitário, com todos unidos na fila do papel higiênico.

Mesmo com as tripas do esquema expostas, porém, o PT ficou firme no apoio ao estágio mais atroz do regime de Nicolás Maduro — chamando urubu de meu louro e atrocidade de ternura.

Não se esqueça: um covarde que se preze precisa ter muita coragem.

Do partido estrelado por André Vargas, Vaccari, Delúbio, Paulo Bernardo, Gleisi, Delcídio, João Santana, Pizzolato, Dirceu, Dilma, Lula e cia. — isto é, a turma do sol quadrado (os que já tinham visto e os que ainda iriam ver) — se poderia dizer tudo, menos que não fosse coerente.

O PSOL, por exemplo, estava morrendo de inveja.

O massacre progressista nas ruas da Venezuela tinha sido aplaudido por anos pelos pacifistas do Leblon — até que a ditadura libertária do companheiro Maduro perpetrou seu doce AI-5, para não ter que ficar amordaçando e comprando todo mundo no varejo.

Aí a imagem das botinas do exército chavista empoderando uma jornalista caída no chão, entre outras cenas do excesso de democracia aclamado por Lula, confundiu a militância do bem.

Sobreveio então um silêncio atordoante nas trincheiras de Hollywood, da MPB e dos estudantes e professores unidos contra o golpe. Ninguém tinha nada com isso — a Venezuela deles era mais embaixo.

Mas estavam todos devidamente abençoados pelo papa Francisco — que nunca deixa essa gente sofrida na mão.

No que a democracia transformista de Maduro rasgou a fantasia, jogando a força bruta sobre o povo e as instituições, Francisco foi lacônico: convidou os venezuelanos a "perseverar".

Santa perseverança, Batman.

O sacerdote das causas impossíveis bem que poderia ter mandado também uma mensagem de esperança ao companheiro André Vargas — perseguido por Moro só por ser da equipe que esvazia o sangue das instituições e das pessoas sem incomodar ninguém.

Mario Vargas Llosa — que não é primo do André — não sabia como Sergio Moro ainda estava vivo. Talvez o próprio juiz também não soubesse.

Especialmente olhando para o front inimigo e vendo as costas quentes da gangue no Vaticano, na ONU, em Hollywood e até, por um bom tempo, na Casa Branca.

O *Manual do covarde* passa agora a defender o Nobel da Paz para Lula traçando um paralelo com a premiação de Barack Obama.

O estadista da Disney

Obama foi o primeiro Nobel pré-datado da história. Isso não é para qualquer um.

Nunca antes na história daquele país — e de nenhum outro — se vira uma lenda começar com final feliz. Coisa de gênio.

No que pôs os pés na Casa Branca, o presidente já foi ganhando o Nobel da Paz — outorgado ao sorriso largo e ao alto-astral do primeiro presidente negro dos EUA.

Certíssimo: substituir a carranca do Bush era uma contribuição inestimável para a paz mundial. Ponto.

O problema de uma história que começa com final feliz é você ter que assistir ao resto de olhos fechados, para não estragar. Foi o que fez a claque mundial de Barack Obama nos oito anos que faltavam.

E deu certo.

Tanto que, quando Obama teve de entregar a Casa Branca ao adversário, após a derrota eleitoral de Hillary Clinton, Hollywood anunciou o início da Terceira Guerra Mundial.

Contraria esse pessoal, pra você ver.

Eles já não tinham Orson Welles — o narrador desbancado por Rodrigo Enganot —, mas tinham os lábios trêmulos e a voz embargada de Meryl Streep. Vamos decifrá-la.

Hollywood acredita em Robin Hood. Ou, mais precisamente: metade quer acreditar, e metade finge que acredita. A Meca do cinema conhece o poder de uma lenda — tudo está bem se acaba bem (com bons personagens e muita emoção).

Foi assim que alguns astros hollywoodianos ungiram Hugo Chávez e Nicolas Maduro como heróis dos pobres sul-americanos. O sangue derramado, a liberdade ceifada e a devastação econômica não couberam no roteiro.

A dramaturgia fica à escolha do freguês — e você não vai querer prova mais definitiva disso do que a transformação de Dilma Rousseff em grande líder do hemisfério sul.

Você está rindo porque tem preconceito contra a mulher e contra a falta de concordância.

Quem transforma uma piada brasileira em roteiro de sucesso mundial pode tudo — ainda mais com um protagonista elegante, educado, que joga basquete e até dança.

Governar, convenhamos, passa a ser um detalhe.

Os críticos mais contundentes afirmam que o governo Obama foi desastroso. Inocentes — não sabem o que é uma temporada com o Partido dos Trabalhadores.

Para os mais ponderados — dentre os que burlaram o combinado e abriram os olhos antes do fim do filme —, o Partido Democrata fez um governo medíocre, recostado à sombra do mito.

E, para corresponder à mitologia, aumentou alegremente as taxações e a dívida pública (100%), porque é assim que faz um Robin Hood.

A diferença é que, na vida real, há uma floresta de burocratas no caminho, engordando com o dinheiro dos pobres. Uma Sherwood estatal.

E daí? Problema nenhum.

O importante é que as caras e bocas de Obama encheram os olhos de Meryl Streep — e, se esvaziaram o bolso do contribuinte, ninguém nem nota. Só o eleitor, que cansou da brincadeira e votou no agente laranja.

Essa interferência da vida real nos roteiros de Hollywood é realmente irritante — mas eles reagem à altura. Se Barack começou com final feliz, Donald estreou com o fim do mundo (mais um).

O senhor da guerra era tão devastador que fez desaparecer inclusive os bombardeios do seu antecessor — transformados em chuva de pétalas (mesmo aquele que destruiu um hospital).

Um cara tão gente boa quanto Obama não ia jogar bomba em ninguém. Muito menos ser um dos presidentes que mais obstruíram e manipularam a imprensa no país — e, se ele por acaso fez isso, foi sem querer.

Claro que o megaesquema de espionagem do caso NSA também não foi por mal.

E isso tudo some no ar com um bombardeio de panfletos sobre imigração, impondo o falso dilema da xenofobia e transformando um muro em protagonista eleitoral na maior democracia do mundo. O Nobel está salvo.

Ufa.

E, no final feliz que estava congelado por oito anos, nosso herói sai da Casa Branca com o mesmíssimo texto de quando entrou: "Yes, we can."

Tradução do *Manual*: sim, nós podemos continuar vivendo de slogans espertos.

A paz mundial não chegou a se impressionar com o Nobel de Obama — e não avançou um milímetro na era dele, provando que a Faixa de Gaza e o Estado Islâmico não têm a menor sensibilidade para as atrações da Disney.

Mas o slogan ficou intacto — que é o que interessa — a ponto de surgir uma campanha lançando o ex-presidente americano para a presidência da França.

E lá foi o *popstar* da lenda, segunda maior atração da Disney depois do Pateta, alçar voo para além das fronteiras norte-americanas — estreitas demais para o seu final feliz indestrutível.

Meryl Streep e seus colegas ficaram para trás, para sempre enlutados, denunciando a discriminação da nova América contra Hollywood. É de morrer de pena.

Mas um dia ele volta — quem sabe para ficar no lugar da Estátua da Liberdade, que teve a sua época.

Enquanto isso, germinarão as sementes espalhadas pelo planeta — incluindo os vizinhos do Sul, onde o bom Barack deu uma forcinha ao companheiro Maduro propondo uma "conversa de alto nível" com o estripador.

É um gentleman.

Ao Brasil, decidiu dar de presente um final feliz da mesma loja que o dele, declarando que Lula era "o cara".

Depois a Lava Jato confirmou: Lula é o cara.

* * *

Acompanhe a perfeição:

1. Você defende os companheiros sanguinários da Venezuela;
2. Você vê a destruição do país e chama de revolução progressista;
3. Você vê o povo passando fome e diz que Maduro combate a elite;
4. Você repete Lula e diz que lá é que é democracia;
5. Os venezuelanos fogem para o Brasil e você defende os refugiados.

Conclusão do *Manual*: você não perde nunca.

Nem você nem os protagonistas desses emocionantes roteiros catástrofe de Hollywood — Maduro, Lula, Dilma e grande elenco pacifista.

Veja o caso do Brasil:

O PT passou mais de década tentando transformar o país numa Venezuela. Não conseguiu. Quando os venezuelanos, que eram o modelo, cansam do massacre e debandam em massa para o Brasil, o PT manda os brasileiros serem solidários e dividirem suas terras com os refugiados.

Entendeu a perfeição? Os dois povos ficaram mais pobres com a doutrina do PT — que, por sua vez, ficou podre de rico com ela.

"O Brasil está de braços abertos para receber os refugiados."

Adivinha quem declarou isso?

Acertou: ela, o coração valente, o amor de mãe, a líder dos deserdados do Terceiro Mundo — do alto de seu governo que não tinha onde cair morto.

E, depois que ele caiu morto, ela continuou repetindo o bordão mundo afora — porque o mundo, felizmente, não sabe distinguir solidariedade de pedalada verbal.

Vale um teste do *Manual* para você aferir sua compreensão sobre o que são pedaladas solidárias.

— Quando a crise da Síria se agravou, o primeiro país não europeu a anunciar que estava de portas abertas para os refugiados foi:

a) Os EUA;
b) O Canadá;
c) A Venezuela.

O prêmio para quem acertou é uma viagem de ida para Caracas, fazendo o favor de levar uns rolos de papel higiênico para o companheiro Maduro — de modo que ele possa dar uma estada confortável aos seus convidados sírios.

O pacote "solidariedade ao mundo árabe em guerra" custa 1,99 e está ao alcance de todos — com a garantia de grandeza instantânea ao usuário, ou o seu dinheiro de volta.

Um dos mais famosos usuários do pacote, notadamente na crise da Síria, foi o Nobel da Paz e da Camaradagem Barack Obama. Suas palestras sobre civilidade encorajaram até o Estado Islâmico a dar uma turbinada na franquia.

Interessante notar que, dentro dos próprios Estados Unidos — da irmandade chavista você conta se conseguir voltar de lá —, após oito anos de pregação diuturna pelos árabes, latinos, negros, gays, mulheres, trans, vascaínos e flamenguistas, a única classe que progrediu foi a dos sectários.

O que será que puseram na água desse palestrante?

Não interessa. Está dando certo, não vamos mexer.

Seja também um socorrista imaginário dos náufragos do capitalismo. Mas, se Lula pegar os pedalinhos de Atibaia e se jogar no Mar Mediterrâneo, pode deixar que ali já é problema da Europa.

(Anota essa aí, Sepúlveda.)

Aliás, não dá para entender como não pensaram nisso antes: todo habitante de país pobre e violento deveria se mudar para um país rico e pacífico. Resolvia na hora.

Se acabassem ficando todos pobres e violentos, não tinha problema. Iria todo mundo para a DisneyLula, onde só se anda de jatinho e os despachantes da Odebrecht resolvem tudo para você.

A palestra está boa, mas agora vamos ter que dar uma interrompida: estão quebrando tudo lá fora. São os pacifistas do PT ensaiando para a prisão do Lula.

E tapem os ouvidos do Vargas Llosa: tem mais um dizendo que vai mandar bala no Moro.

LIÇÃO Nº 8

A volta a 68

e a reciclagem dos revolucionários

Era preciso deixar os heróis da TV fora do xadrez para que eles pudessem girar sua fortuna roubada e desencorajar os traidores. Vida normal.

Os dias eram assim: José Carlos Bumlai, o laranja da guerrilha patriótica, o amigo fiel do grande líder do assalto progressista e solidário, era solto pelo STF às vésperas do "duelo" de Lula com Sergio Moro — e da revolução de Maio de 2017.

Como o *Manual* já explicou, essa revolução foi muito mais importante que a de Maio de 68. No mínimo, teve destaque bem maior na imprensa.

Totalmente compreensível: o movimento de 1968 não tinha heróis do quilate de Joesley Batista e Rodrigo Janot — a lendária dupla Janoesley.

Mas 68 teve seu charme também, e, por coincidência, estava sendo reprisado na TV quando eclodiu o movimento revolucionário de 2017. Na série *Os dias eram assim*, o Brasil podia ver como José Dirceu e seus amigos eram belos e corajosos nos anos de chumbo.

Fora da TV, estava tudo pronto para tirar Dirceu da prisão.

Nos anos 60 ele se tornara um preso político, e agora ele era um político preso, mas isso não fazia a menor diferença no ibope.

Felizmente ninguém tinha feito a descortesia de filmar a história do meio — os guerreiros do povo contra a ditadura roubando o dinheiro do povo na democracia.

Mas ainda estava faltando alguma coisa para o Maio de 17 ficar legal.

Claro: cenas de violência na rua. Revolução sem pancadaria não é revolução.

Os institutos de pesquisa estavam fazendo a sua parte, avisando toda hora a Moro que o operário humilde estava em seu caminho de volta para o palácio: os dias serão assim, seu juiz — muita calma nesse interrogatório.

Mas o STF — que naquele momento preparava em sigilo o golpe do açougueiro contra o mordomo — ainda precisava de um clima mais vibrante para soltar José Dirceu (coroando o trabalho meticuloso do companheiro Barroso).

Aí surgiu a grande sacada.

O governo de Michel Foratemer preparava uma reforma trabalhista que atacaria o almoço grátis da CUT e congêneres, acabando com o imposto sindical obrigatório, entre outras medidas.

Chance preciosa para os diretores de cena.

Embates contra mamatas sindicais sempre renderam coreografias fortes — como na privatização da telefonia, com várias praças de guerra encenando a defesa do patrimônio nacional (as arruaças seguintes passariam a ser combinadas pelo celular).

Os coreógrafos da revolução bateram o martelo: greve geral contra o atentado aos direitos do trabalhador.

Foi bonito de se ver. A militância robusta após 13 anos de mesadas em dia e mortadela farta quebrou tudo — plasticidade de Primeiro Mundo. Bloqueou ruas, incendiou ônibus, enfim, não faltou nada.

Nas várias mídias, emocionados diante das labaredas, intelectuais defendiam a livre manifestação. E a CUT manifestava livremente seus pedaços de pau em saguões de aeroportos, nas rodoviárias e na cabeça do trabalhador que queria trabalhar.

Foi, enfim, uma grande festa em defesa do imposto sindical, que encheria de orgulho Benito Mussolini (sempre deixando claro que fascistas são os outros).

As cenas ficaram excelentes. E foram reforçadas por flashes de depredação de escolas, outra homenagem a Maio de 68.

O protesto agora era contra a reforma criminosa do ensino médio, que organizaria o currículo por áreas de interesse e ajudaria o estudante a estudar — quando todo mundo sabe que a função do estudante é quebrar.

Estava, portanto, tudo caminhando bem para a reabilitação do mais famoso estudante profissional do país — Dirceu, guerreiro, do povo brasileiro.

(Nota do *Manual*: a última vírgula é para simular o ritmo da palavra de ordem entoada nas ruas — e agora vocês não vão encher o saco com gramática, que o filho do Brasil já liberou há muito tempo.)

Regente do mensalão e do petrolão, acumulando condenações nos dois escândalos, Dirceu não era tão mau assim. Pelo menos era o que sugeria mais uma pesquisa providencial: o político mais nocivo para os brasileiros era Eduardo Cunha.

Produção caprichada é isso aí: eles pensam em tudo.

O líder petista já passara um bom tempo descansando a imagem na cadeia, enquanto Cunha dominava as manchetes — tendo sido tirado da presidência da Câmara dos Deputados e preso espetacularmente após longa caçada.

Naturalmente, suas obras completas não davam uma fração das de Dirceu — 13 anos ordenhando o Brasil inteiro não é para qualquer um —, mas é dura a vida de um picareta sem verniz revolucionário.

Cunha foi até bonzinho com o PT ao aceitar o pedido de impeachment de Dilma (deixou de fora toda a orgia da Lava Jato), mas caiu como uma luva no papel de vilão do golpe do homem branco contra a presidenta mulher.

É bem verdade que sua prisão deu um susto na militância golpeada.

Até então, a impunidade do Darth Vader do PMDB era o grande lastro da lenda, a prova de que estava tudo armado para arrancar do governo os quadrilheiros do bem. Como explicar em casa aquela prisão?

Eduardo Cunha era a reserva moral do PT. E do PSOL, da Rede e seus genéricos.

Com a liberdade dele, você podia até defender Lula e Dilma numa boa, por mais que eles roubassem o Brasil na sua cara: bastava dizer que era contra o Cunha — o fiador do golpe, o homem do sistema.

Mas que sistema era esse que jogava seu articulador no xadrez?

Ficou confuso. Mas lenda é lenda e tudo se ajeita.

Àquela altura, já estava pronto para sair do forno o conto de Enganot, com a incrível parábola do presidente-vampiro comprando o silêncio dele, Eduardo Cunha — e reconectando a literatura toda.

O mecanismo é foda, parceiro.

Diante desse quadro, os companheiros da suprema corte, que precisavam decidir sobre a soltura de Dirceu, respiraram aliviados: depois de muito tempo prestando atenção, o Brasil voltava a dar sinais confiáveis de distração crônica — condição essencial para as grandes decisões do STF.

E ninguém mais do que eles sabia o quanto era importante abrir a porta daquela cela.

* * *

Você se lembra que Dirceu, em pleno julgamento do mensalão, continuava faturando com o petrolão — conforme constatou a Lava Jato (ver Lição 1). E que, mesmo em 2014, já com a força-tarefa de Curitiba a todo vapor, o esquema prosseguia — inclusive para abastecer a reeleição de Dilma.

E que ela, já reeleita, trocava e-mails secretos com José Eduardo Cardozo, seu despachante no Supremo e ministro da Justiça nas horas vagas, para sabotar a Lava Jato.

Diante de uma quadrilha virtuosa e desinibida como essa, era natural que o STF passasse a soltar os seus principais integrantes.

Afinal, os fatos mostravam que eles não iriam fazer nada de mais, fora girar sua fortuna, reciclar os laços de amizade, desencorajar os traidores e voltar a irrigar seus negócios — que tinham dado uma caída após 13 anos de esplendor.

Estava mais do que na hora de parar de perseguir os nossos revolucionários. Eles estavam na TV — lindos, românticos e meio século mais novos. Depois chegariam ao poder e acabariam todos em cana por ladroagem, mas quem quer ficar lembrando notícia ruim?

Se Hollywood podia cultivar Hugo Chávez como salvador do Terceiro Mundo, por que não poderíamos continuar envernizando os anos de chumbo?

É preciso ver a vida pelo lado bom. A impressionante revolução de Jim Jones, por exemplo. Por que ficar lembrando o incidente final? (Suicídio e assassinato de uns 900 seguidores.)

Mania de botar defeito em tudo.

Voltando à nossa doce utopia de esquerda, a libertação do pecuarista Bumlai só não emocionaria quem não tivesse coração: imagine o quanto os amigos dele lutaram por liberdade nos anos 60.

Quem disse que utopia não vira realidade?

Lá estava: o homem apontado como facilitador dos mais altos sonhos pecuniários do PT livre novamente. Tinha valido a pena sonhar.

Que chegasse então a vez de José Dirceu, pois, como diria o poeta da revolução: depois da ditadura vem a abertura (da porteira).

Intervalo comercial: em meio a tanta emoção, com a história sendo feita ao vivo nas ruas e na TV, a Advocacia-Geral da União cobrava o ressarcimento de 40 bilhões de reais dos condenados na Lava Jato.

Acompanhe o cálculo do *Manual*.

Multiplicando-se a abrangência do sistema petista de sucção do erário pela exuberância das cifras em cada uma das incontáveis transações reveladas, chegava-se ao resultado inequívoco: o exército progressista estava bilionário.

E devia ter dinheiro escondido até em pedalinho.

Voltando à gloriosa revolução socialista contra a direita malvada, a conta fechava direitinho.

Era só estimar o custo de todos os advogados contratados a peso de ouro por nosso batalhão de heróis enrolados com a polícia por anos a fio e confirmar sem erro: estavam podres de ricos.

E era com esses advogados, com essa fortuna e com a boa vontade que esse charme todo suscitava nos bons amigos do Judiciário que eles estavam saindo dos anos de chumbo para a abertura (das celas).

Dirceu estava confiante. Desde os famosos embargos infringentes e refrescantes para os mensaleiros, o STF vinha sendo impecável.

A corte fizera um belíssimo trabalho de cartas embaralhadas e pistas falsas — mantendo por anos Dilma e Lula fora do alcance da Lava Jato. Delcídio quase estragou tudo, mas aí o Brasil se distraiu de novo e a normalidade voltou (por pouco não deu para salvar o pobre governo golpeado).

Na incrível queda de braço com o pessoal de Curitiba, os supremos companheiros decretaram que não havia formação de quadrilha.

A Lava Jato confirmou: não havia uma quadrilha no governo do PT — o governo do PT era a quadrilha.

Agora era a forra.

Era preciso tirar os revolucionários do xadrez para que a quadrilha que não era quadrilha voltasse a conspirar normalmente, para recompor a lenda da perseguição aos guerreiros — e para que Lula não tivesse mais que ficar zanzando por aí de jatinho sem saber onde pousar.

Chega de constrangimento.

No dia 2 de maio de 2017, o STF não se apequenou e soltou José Dirceu.

Os dias não eram mais assim — e Lula já podia chegar cheio de moral ao duelo com Moro, na semana seguinte, para dizer que não era nada dele.

PT pela ética

Às vésperas do interrogatório de Lula, o personagem mais valente da política brasileira desafiou Sergio Moro a prendê-lo. Disse que, se o juiz se atrevesse, seria recebido à bala.

Ciro Gomes, também conhecido como Xingo Nomes (a alcunha mais precisa da história, outorgada pelo Casseta & Planeta), prometera também que, se Moro decretasse a prisão do ex-presidente, iria sequestrá-lo e deixá-lo a salvo numa embaixada.

Segundo Nomes, o sequestro salvador seria um ato de "solidariedade pessoal" para com Lula.

(Nota do *Manual*: quem é valente mesmo não presta solidariedade impessoal.)

Sequestro, embaixada, tiro, amizade, bravura... Já detectou o script, né? Sim, você está de volta aos anos rebeldes — a mina de ouro da narrativa.

Eterno candidato a presidente, frequentador da Delfim Moreira 342 com vista para o sertão, repentista de números voadores sem perder a ternura, Xingo Nomes era a pronta encarnação da mitomania revolucionária.

A indumentária impecável de "homem de esquerda" era salvo-conduto para quase tudo — principalmente, no caso, a ressurreição de Lula, esteio da lenda.

Não existe investimento mais seguro: se o seu bom ladrão cair em desgraça, você declara sua solidariedade pessoal, larga-o à beira da estrada e fica com o capital demagógico dele.

Fato relevante — esclarecimento semântico do *Manual do covarde* (leitura obrigatória, não pule):

1. Ser de esquerda — em tradução livre e simplificada do imaginário coletivo — é ser solidário, altruísta;
2. Como você já notou, 100% da galeria de personagens "de esquerda" deste *Manual* são gulosos e egoístas;
3. Não há qualquer interseção possível entre solidário/altruísta e guloso/egoísta;
4. Ter um sonho igualitário, por mais estúpido que seja, não é o mesmo que fingir ter um sonho igualitário;
5. Conclusão: não há neste livro nenhum personagem de esquerda (e você nunca mais vai confundir ideologia com covardia — nosso objeto de estudo).

Desafio do *Manual*:

- Encontre alguém "de esquerda" no seu trabalho, na sua cidade, no país ou no mundo que tenha (de fato) um sonho igualitário.

(Instrução: por mais tolo ou autoritário que pareça, esse alguém deve desejar realmente a igualdade de todos, acima de suas ambições pessoais.)

– Encontrando-o, capture-o e envie-o sedado e amordaçado para o Museu das Ideologias Perdidas (Mundo da Lua, 342 — subsolo). É o último espécime remanescente e precisa ser mumificado.

Para prosseguir com a nossa história: enquanto você não encontra o último ser humano de esquerda da Terra, continuaremos chamando os nossos simplesmente de parasitas — sem risco de mal-entendidos.

Como dizíamos, então, Xingo Nomes surgiu com sua valentia sem igual para ajudar a requentar a lenda do pobre coitado — e você é capaz de chorar ouvindo aquele sotaque de cabra da peste em febril indignação contra o nada.

Mas a fantasia de esquerda é mais generosa do que parece — e ali se articulava não só a ressurreição moral de Lula, mas também, milagrosamente, a do PT.

Agora preste atenção no truque genial (mas não tente fazer isso em casa).

Depois de perpetrar o maior assalto da história fraudando doações eleitorais de empresas, o PT propunha a proibição das doações eleitorais de empresas — para moralizar a política.

O parágrafo acima poderia sintetizar este *Manual* — pelo menos quanto a um princípio essencial: você jamais será um autêntico e bem-sucedido covarde sem uma sociedade compreensiva que chancele seus disparates.

E eis que o primeiro e único partido no mundo a ter um chefe de Estado privatizado por uma empreiteira dava o seu grito contra o capitalismo selvagem: o abuso do poder econômico põe em risco a democracia!

Lá estavam eles de novo, os heróis intrépidos do proletariado, os pobres bilionários da esquerda imaginária, encenando seus papéis prediletos — porque os dias eram assim, e a demência da plateia também.

O plano tinha três mentores centrais:

O PT — com seu currículo de três tesoureiros presos por arrecadar propina disfarçada de doação empresarial;

A OAB — injustamente apelidada de Ordem dos Aloprados do Brasil, por causa de sua conversão petista (que era problema dela e ninguém tinha nada com isso);

E o companheiro Barroso — uma das estrelas deste *Manual*, militante incansável da cosmética progressista, o adido cultural do bando no STF.

A ideia era simples: proibir as doações de empresas e criar um fundo público (você) de financiamento eleitoral.

Tradução do *Manual*: o PT te roubou por caixa dois (mensalão), por caixa um (petrolão) e agora vinha te roubar por caixa três (Orçamento da União).

Notícia boa para a revolução: você topou.

* * *

E assim foi. Enquanto a Odebrecht confessava ter comprado horário eleitoral na TV para reeleger Dilma, o país aprovava, por iniciativa do PT, um fundo eleitoral tomando gentilmente uns 2 bilhões de reais do contribuinte.

Na cadeia, João Santana, o marqueteiro milionário da revolução, já estava pedindo na Justiça seu dinheiro roubado de volta. Se o povo ia entrar de sócio no esquema, ia sobrar bilhão.

Naquele momento bonito em que o guerreiro Dirceu voltava a ver o sol nascer redondo, as planilhas da Odebrecht revelavam cifras milionárias para o "Italiano" e o "Pós-Italiano" (Palocci e Mantega) — do tempo em que o PT não percebia a maldade do capitalismo.

Como nunca antes (e provavelmente nunca depois):

Dinheiro grosso de empresa fornecedora do governo passando por ministros de primeira grandeza rumo ao caixa do presidente(a) da República.

Mas isso devia ter acontecido na Namíbia ou em Angola, porque o Brasil estava discutindo com o PT se fundo eleitoral público é de esquerda.

Sim, esse era o debate do momento. Cenas fortes: o tarado tinha sequestrado a vítima, roubado e estuprado. Ao ser pego em flagrante, gritou: vamos discutir a relação!

A vítima acendeu um cigarro, fez um ar inteligente, pediu que a polícia os deixasse a sós e passou a debater o celibato das empresas no bordel eleitoral. E ainda pagou um cachê ao tarado (com recibo).

Diversas democracias permitem doação eleitoral de empresas. Mas só uma tinha um trio Delúbio-Vaccari-Dirceu para depenar pessoas físicas, jurídicas, públicas ou privadas com o mesmo talento.

O poder econômico sempre influenciará eleições — assim como o poder político, o poder cultural, o poder acadêmico, o poder familiar, o poder espiritual etc. Contamos com o PT para moralizar todas essas áreas.

Teste de democracia do *Manual*.

— Um artista famoso que apoia a candidatura de Xingo Nomes, pedindo aos seus milhões de fãs que votem nele por sua honestidade intelectual, está:

a) Doido;
b) Distraído;
c) Equivocado;
d) Mal-intencionado.

Resposta: se a opção correta for a "d", o país poderá constatar investigando promiscuidade ou troca de favores entre o artista e o político — exatamente como pode fazer no caso das empresas.

Detalhe: há capitais artísticos mais valiosos que muita propina milionária.

Evidentemente, esse teste foi uma perda de tempo, porque o objetivo dos companheiros não era racionalizar nada — apenas embaralhar tudo.

(E é isso o que este *Manual* deve ensinar, em vez de ficar recitando princípios anacrônicos.)

Mas não dá para falar em embaralhar sem sentir saudades de Rodrigo Enganot.

Então sigamos esse impulso afetivo e visitemos o procurador-geral naquele período pré-Revolução de Maio de 17, quando os brasileiros não sabiam que ele próprio estava prestes a narrar o fim do mundo.

O que fazia Enganot?

Entre outros sortilégios, ele trombeteava que a corrupção no Brasil era "cultural" — e aí você já conhece a máxima do personagem: enquanto houver companheiro enrolado com a polícia, lá vai poesia.

A "corrupção cultural" era irmã do "político é tudo igual" e prima do "poder econômico deforma a democracia".

Tradução: Rodrigo Enganot, honrando o sobrenome, saltava na trincheira heroica do PT contra os abusos eleitorais do capitalismo selvagem.

Pergunta do *Manual*:

É possível um procurador-geral citar o "espetáculo da democracia" para aprovar a orgia das empreiteiras na campanha de um partido (Lição 3) e depois não querer mais saber de empresas metidas com eleição?

Resposta: claro que é. Certos espetáculos são tão perfeitos que você não quer ver outro nunca mais.

Mas nada é realmente espetacular sem o show das togas esvoaçantes.

E nesse caso não era só Barroso empurrando Greta Garbo para o anonimato: o companheiro Lewandowski fizera a Constituição rebolar até o chão assinando o embargo da felicidade para as doações empresariais.

Havia ainda Carminha, a Dilma que foi à escola, pontificando:

"Eu quero mudar o Brasil, não me mudar do Brasil."

A única certeza era que os para-choques de caminhão tinham perdido uma grande poeta com a ida de Cármen Lúcia para o STF.

(Dica do *Manual*: por sua maestria com o duplo sentido do verbo mudar, recomendados a Carminha contratar o motorista de frete Alaor das Mudanças, candidato dos Cassetas que prometia mudar tudo.)

E já que a corte estava soltando os revolucionários, que a sangria do PT estava diagnosticada como questão cultural e que Lula marchava sem culpa para o duelo com o juiz fascista, um daqueles teólogos de passeata lembrou:

"Até entre os apóstolos de Cristo havia corrupto."

Só faltou citar a famosa frase bíblica "caixa dois todo mundo faz".

Naquele momento, porém, era mais urgente recitar outro mandamento sagrado: o triplex é de um empreiteiro amigo meu.

O santo e o chato

Eu não tenho medo de ser preso.

Foi o próprio filho do Brasil quem quebrou o tabu em torno da sua prisão, pronunciando ele mesmo o impronunciável.

Até então reinava o silêncio aflito entre os fiéis, simpatizantes e porta-vozes informais espalhados por toda a sociedade brasileira.

Lula já era réu, mas... Santo pode ser preso?

Claro que não. Só que a Lava Jato ia avançando mesmo assim em sua heresia, demonstrando uma falta de reverência ao mito como nunca antes.

O primeiro tabu tinha sido quebrado havia menos de um ano, em julho de 2016, quando Lula passou a ser investigado pela primeira vez (assim que o PT perdeu o governo). Ele ficara invicto por mais de dez anos — desde as primeiras denúncias do mensalão — e parecia realmente intocável.

A blindagem espetacular tinha sido obra coletiva — créditos para todos os arautos da lenda —, com destaque para a dobradinha infernal Janot & STF.

No que o cristal foi quebrado, Lula imediatamente trocou seu bordão de mais de década ("eu não sabia") pelo "não existe alma mais honesta".

Sergio Moro sabia que santo não pode ser preso. E descobriu onde estava o melhor medidor da santidade de Lula: no próprio.

Santo imaculado não precisa defender sua honestidade. Moro anotou e foi em frente.

A santidade do filho do Brasil não era literal — mas era real, à sua maneira. De fato, se formara uma aura mítica poderosa em torno dele, envolvendo até os mais esclarecidos ou menos crédulos.

O juiz anotou o desafio: os crimes de Lula eram comuns — mas ele não.

(Nota do *Manual*: na virada do século, Lula tinha virado um chato da política e nem o PT queria sua quarta candidatura a presidente. Dirceu então inventou o Lulinha Paz & Amor, que montou no sucesso do Plano Real e virou o pai dos pobres — e o chato virou santo.)

Quando o processo do triplex amadureceu, em 2017, já com o interrogatório de Sergio Moro marcado, Lula começou a dizer que não temia ser preso.

O juiz anotou prontamente a nova medida de santidade.

Moro sentiu a carne amaciando — e santo não costuma ter carne.

Para Lula, a carne que estava sendo amaciada era a do juiz. Desde fevereiro, no velório de D. Marisa, ele passara a mandar recados. Declarar, diante do corpo da esposa, que não tinha medo da prisão era quase um xeque-mate — no país onde lenda tem foro privilegiado.

O desfecho da cena parecia lhe dar razão.

Os aplausos da multidão ao comício de Lula diante do caixão dominaram a repercussão geral — com todas as licenças poéticas necessárias para garantir a normalidade na apreciação daquele espetáculo peculiar (com direito a Dilma e grande elenco no palanque fúnebre).

Quase ao mesmo tempo, no lado negativo do noticiário (esse era o positivo), vinha a informação sobre um protesto contra Sergio Moro em Nova York.

Você já entendeu os poderes mágicos da palavra "manifestantes" — e até esclarecer que os manifestantes, no caso, eram três gatos pingados da claque companheira tentando atrapalhar a palestra do juiz, a notícia já tinha dado duas voltas ao mundo.

O mecanismo é foda, parceiro.

No embalo do velório e do protesto, um daqueles teólogos de passeata declarou que Sergio Moro deveria pedir perdão a Deus pela morte de Marisa Letícia.

Os dias eram assim — e continuaram sendo até 10 de maio de 2017, quando Lula baixou de jatinho em Curitiba para o "duelo" com Moro.

Com Zé Dirceu livre e todos os ventos a favor, ele chegou para a audiência nos braços do povo (o povo dele, ao menos), que lhe passou uma bandeira do Brasil — Brasil de quem ele, aliás, era o filho. E era bom o juiz não se esquecer desse detalhe.

O Brasil ficou impressionado com a performance do filho diante do inimigo. Parecia estar numa mesa de bar — "querido" pra cá, "querida" pra lá, enfim, Lula sendo Lula (na plenitude) — e Moro contrito, diminuto, com a voz fina que não agradava Jean Wyllys.

A torcida do visitante não teve dúvidas: já ganhou.

Os torcedores do outro lado pareciam ter acusado o golpe, decepcionados com a apatia de Moro e a exuberância de Lula. "Amarelou!", revoltavam-se os simpatizantes do juiz, que esperavam vê-lo trucidar o ex-presidente.

Eles ainda não tinham visto nada: uma semana depois, a bomba atômica de Janoesley contra Michel Temer (Lição 3) virava as manchetes para a tão sonhada utopia: a esquerda tinha sofrido um golpe de Estado da direita.

Dali em diante, Lula, Dilma, Dirceu e cia. pareciam os heróis da revolução chegando do exílio — sobreviventes da perseguição implacável imposta pela elite autoritária numa página infeliz da nossa história.

O mensalão e o petrolão, como já vimos, tinham virado incidente cultural.

A campanha pelas Diretas Já, para recolocar o grande líder no seu lugar, esquentava — e, se demorasse muito, ele ia acabar empossado pelos institutos de pesquisa. Chega de intermediários.

Aí se deu novo incidente cultural: em 12 de julho, Moro condenou Lula por corrupção passiva e lavagem de dinheiro — nove anos e um mês de prisão.

E agora?

Agora, nada. O clima estava tão bom, com o país tão feliz por poder voltar a detestar vilões antipáticos — e não aquelas fofuras revolucionárias —, que Lula matou a condenação no peito, como diria o supremo companheiro Fux.

A euforia com a malandragem cívica do grande driblador foi se espalhando pelos corações — da MPB ao STF, da OAB à imprensa Free-Boy —, todos unidos numa incontida excitação para ver o anjo torto passar voando sobre a lei e deixá-la caída de bunda no chão, como um marcador de Garrincha.

E quando começava a falar na terceira pessoa então — "a prisão do Lula" seria um troféu para eles etc. —, aí ninguém segurava. Só ele e Pelé.

O medidor de santidade de Moro tinha falhado. Com Lula ninguém podia.

* * *

Já tinham prendido senador, banqueiro, empresário, ex-governador.

Sérgio Cabral, o outrora poderoso pacificador das favelas cariocas, o homem que ajudara Lula a colocar o Brasil no topo do mundo levando as Olimpíadas 2016 para o Rio de Janeiro, ia completar um ano na cadeia.

Filmado chegando para um interrogatório, Cabral deixava ver que trazia um livro nas mãos: uma biografia de Nelson Mandela.

Era o velho truque de se fantasiar de preso político — e aí se impunha a constatação: Lula, soltinho da Silva, não precisava nem de Mandela.

Para se ter uma ideia do seu escudo invisível contra as cáries e o mau hálito da lei, o ex-presidente não levava nem um respingo do escândalo de Cabral com a empreiteira Delta, anabolizada pelo governo petista.

A Delta fora a campeã das obras do PAC — aquele de quem Dilma era a mãe. Sob essa proteção maternal, a empresa se associara ao bicheiro Carlinhos Cachoeira para montar o escândalo do Dnit (superfaturamento de estradas).

Ou seja: o PMDB de Cabral, que agora aparecia como tentáculo do vampiro golpista, era antes de tudo sócio histórico do PT de Dilma e Lula.

Interessante observar que Fernando Cavendish, o ex-poderoso mandachuva da Delta, tinha dedurado à polícia uma boiada inteira para ferrar seu ex-amigo Cabral — sem tocar no anjo torto de Brasília.

A negociata do Maracanã acontecera sob o guarda-chuva da Copa das Copas — a fantástica conexão entre os picaretas da FIFA e os do PT que rendera os estádios mais caros da história da competição.

O Maracanã de Cabral era primo do Itaquerão de Lula (Lava Jato, capítulo Odebrecht).

Depois de tanta história bonita, as obras completas do PMDB de Cabral não podiam ser alienadas do reinado Lula-Dilma. Isso era roubo.

Mas com Lula tudo podia.

Para você ter uma ideia, os heróis da resistência contra o golpe denunciavam a conspiração de raposas velhas do PMDB, como Renan Calheiros, com o mordomo.

O detalhe desprezível era que Renan Calheiros não apitava no governo do mordomo — e passara 13 anos no camarote vip da DisneyLula (quando era, naturalmente, um progressista).

O que talvez o medidor de santidade de Moro não tivesse captado era que, depois de ter todo seu inventário de rapinagem esfregado na cara do país, a alma mais honesta despertava na população uma espécie de síndrome do Papai Noel:

Havia os que queriam acreditar, os que fingiam acreditar e os que queriam que os outros acreditassem.

Parar de acreditar no bom velhinho de São Bernardo era um rito de passagem para o qual o Brasil ainda não estava preparado.

Tanto que, ao raiar da primavera petista de 2017 (ver Lição 4), a planilha da Odebrecht revelava uma série de desembolsos para o sítio que não era do Lula — 700 mil reais em duas semanas, exatamente as últimas de seu governo — e as flores continuaram desabrochando normalmente.

Sergio Moro já estava na pista das contas de propina abertas na Espanha pela Engevix para Lula e Dirceu, mas ninguém estava interessado nisso.

A estudantada revolucionária estava muito ocupada caçando vampiro, Pokémon e Donald Trump.

Preparando-se para sair novamente em caravana pelo Brasil profundo, Lula declarava que tinha passado cinco anos sem dar entrevistas para não interferir no governo de Dilma Rousseff.

Como?!

Isso mesmo. O filho do Brasil revelava, sem contestações, que ficara cinco anos em silêncio.

(Nota explicativa do *Manual*: aquele que você ouviu falando pelos cotovelos devia ser o palestrante da Odebrecht.)

De mais a mais, você não tem nada com isso. E já devia ter entendido que os revolucionários falam quando querem, com quem quiserem — de preferência sozinhos — e dizem que não falaram quando querem também.

As coisas estavam melhorando nesse sentido, com a imprensa Free-Boy bem mais consciente do seu papel — e parando com aquela mania antiga de dar voz a um monte de gente ao mesmo tempo, o que ficava muito confuso.

A partida da caravana da honestidade por Minas Gerais, como já narramos, tivera cobertura puro-sangue — só com petistas exaltando o renascimento. E as manchetes continuavam sob os cuidados de Rodrigo Enganot.

Aí este *Manual* se emociona com a cena sublime:

Ao lado da procuradora-geral da Venezuela, portanto sua equivalente naquele país, que fora escorraçada pela ditadura amiga do Lula, Rodrigo Enganot declarava que Maduro tinha "estuprado as instituições democráticas".

Cuidado para não tirar do contexto:

O guardião da democracia contra o vizinho estuprador era o mesmo que completava cem dias tentando derrubar um presidente no grito.

Pode se emocionar também, prezado estudioso da covardia.

Enfim, estava dando tudo certo — mesmo quando dava errado, como na trágica descoberta da armação da JBS. O chavismo é legal por isso: você pode estuprar a democracia e depois tirar *selfie* com ela — a lenda segura tudo.

Mas aí veio o susto.

Esperem aí, chequem isso direito. Alguém liga pro Zé Dirceu. Cadê a Gleisi? O que está acontecendo? Não é possível. Quem tem o telefone do Barroso? Ou do Facinho, tanto faz. Chamem logo a Carminha! Digam que depois ela termina a entrevista! Ninguém atende no Datafolha? Então vai todo mundo pra Delfim Moreira 342 — agora! Fala pro Enganot mandar a imprensa. Diz que é urgente.

LIÇÃO Nº 9

A chuva amarela
e o descarrego das ruas

O roteiro era impecável: quando o STF fosse decidir sobre a liberdade de Lula, ele estaria nos braços do povo. Só faltou combinar com o povo.

Quando o desembargador João Pedro Gebran começou a ler o seu voto, no julgamento de Lula em segunda instância, em Porto Alegre, algo estranho se passou. O eletroencefalograma do Brasil continuava em linha reta, mas o eletrocardiograma deu um pulo.

Dali em diante, o país passaria três horas preso na monotonia mais eletrizante de sua história.

Especialistas na imunidade sobre-humana de Lula já tinham exposto as manobras previsíveis para aplacar a sentença de Sergio Moro — possivelmente uma decisão dividida, que evitaria a prisão.

Lá vinha a coreografia bem ensaiada do me engana que eu gosto.

Com cinco minutos de leitura, porém, o eletroencefalograma do gigante dorminhoco aderiu ao sobressalto cardíaco.

O relator do caso triplex no TRF-4 começara a atravessar suas 430 páginas como se estivesse lendo um bilhete de três linhas — que levariam três horas na mesma toada sóbria, objetiva e fundamentada.

Enfim, um absurdo.

Todo mundo sabe que sem show não há vida. Aquela overdose de seriedade era um atentado ao "espetáculo da democracia" — conceito soberano imortalizado na poesia de Rodrigo Enganot.

Quem aquele androide sulista estava pensando que era?

Estaria o tal Gebran querendo ser um replicante de Moro? Era só o que faltava.

Mas não faltava — ou melhor, sobrava: os nove anos e meio de Moro iam virar doze anos e um mês com Gebran.

E o pior você não sabe: aquele voto didático, milimétrico, mostrando o DNA do petrolão e o gato escondido com o rabo de fora (na brisa do Guarujá) bateu na cara do Brasil como um tapa — quem mandou ficar olhando? — e arrastou o tribunal para a unanimidade.

No que todo mundo viu o Brasil encostando a bicicleta no poste e parando para olhar, se tinha alguém ali na corte tramando alguma gracinha, desistiu.

O trecho das 430 páginas que religou o país na tomada caberia num bilhete de uma linha: estava determinada a execução da pena.

No dia 24 de janeiro de 2018, uma descarga elétrica visível a olho nu atravessou o Brasil inteiro com a notícia de que Lula já podia ser preso.

Nem o próprio Brasil sabia que tinha tanta eletricidade em jogo. Foi como entrar numa partida da segundona e sair na final da Copa do Mundo. Erguer a taça era derrubar o tabu.

Mas... Será?

O voto magistral de Gebran perfurara a primavera petista e a Revolução de Maio de 17, indo fisgar a memória da Lava Jato lá no pré-sal da consciência nacional.

A dúvida era se o petrolão viria à tona com tudo ou se tinha sido só um esguicho.

No impeachment fora igual. Moro e a força-tarefa passaram dois anos cutucando o Brasil para avisar que detestar o Eduardo Cunha era legal, mas não fazia cócegas na quadrilha companheira que o depenara por 13 anos.

O gigante chegou a voltar para a cama algumas vezes antes de abrir a porta da rua para a presidenta mulher.

Como ocorre com todos os privilegiados que não têm problema para dormir, mesmo estando elétrico agora, qualquer cantilena do STF poderia embalá-lo de novo.

Só que Carminha não atendia o telefone. E a brigada da resistência democrática contra o fascismo de Moro e Gebran foi chegando à Delfim Moreira 342 numa morosidade de dar pena.

Não pense que é fácil você ver uma alma honesta sendo barbaramente torturada durante três horas, sem parar, com uma frieza que só um carrasco da ditadura curitibana com doutorado em delinquência petista poderia ter.

Não há sinal mais preciso da gravidade de uma situação do que a Gleisi e o Lindbergh falando baixo. Estava feia a coisa.

Num ponto todos ali haveriam de concordar: se o Bono Vox tivesse ido ao julgamento, o placar tinha sido outro.

Mas aí o *Manual* se sente no direito de recriminar, pela primeira e única vez em dez lições, a brava resistência da Delfim Moreira.

* * *

Sabem onde vocês falharam, companheiros? Sabem qual foi seu pecado elementar e mortal?

Vocês teriam quebrado esse Gebran — e talvez ele nem tivesse saído de casa naquele dia — se tivessem soltado, na véspera do julgamento, um manifesto de artistas e intelectuais contra o golpe da direita.

Como vocês não pensaram nisso?

Um recurso matador, que sempre fez a diferença — a história do Brasil poderia ser contada através dos manifestos assinados pelos assinadores de manifestos. Onde estavam eles dessa vez? Nem o Boff apareceu?

Só a série em defesa da Dilma, musa da intelectualidade, daria uma antologia republicana (+ bônus com a turnê mundial da mulher golpeada).

Tomamos a liberdade de apresentar, na íntegra, o documento que vocês deveriam ter lançado:

Manifesto do Guarujá

1. Nós, abaixo assinados, democratas e libertários, repudiamos a insinuação de que o triplex fosse do Lula;
2. Quem de boa-fé poderia supor que um homem que chefiou um assalto bilionário iria se queimar por um muquifo? O Lula nem gosta de praia. E jamais escolheria um imóvel tão difícil de pronunciar;

3. Aquela história de mandar instalar elevador é mentira. Um cidadão humilde que poderia comprar um prédio inteiro não ia ficar discutindo elevador para um apartamento só — pega até mal;
4. Lula só tem amigos. Pelas coincidências da vida, o mesmo amigo da OAS comprou, na mesma loja, as cozinhas do triplex e do sítio de Atibaia, que também não é do Lula (ele foi lá 111 vezes em três anos para ver se gostava);
5. Esse amigo mandou a cozinha para outro endereço em Atibaia. De lá a mercadoria foi escoltada por receptadores até o sítio que não é do Lula e recebida pelo caseiro Maradona, aquele que comunicou a morte do pintinho ao Instituto Lula;
6. Isso pode parecer cena de thriller policial com ocultação de pistas, mas nós, signatários do Manifesto do Guarujá, sabemos que almas honestas não têm nada a ocultar;
7. O cartão de Natal do Léo Pinheiro (o que reformou o triplex) para o Lula, achado agora no sítio de Atibaia com o desenho de um Papai Noel da OAS, era só o retrato falado de uma amizade generosa;
8. Como o sítio não era do Lula e ele vivia lá, mesmo sendo um homem do povo, só podia ser invasão do MST. Queremos reforma agrária;
9. Aquela fortuna investida pela OAS num triplex personalizado nunca posto à venda foi pressentimento de que o Boulos ia invadir. E o Léo Pinheiro não admitia decepcionar amigo de amigo dele;
10. Cadê as provas?

Mas não adianta chorar sobre o leite derramado. Não teve manifesto, não teve Bono Vox, e, enquanto os companheiros praguejavam contra o Moro, brotou um Gebran do anonimato e bateu a carteira da revolução.

Felizmente nossa história só acaba quando termina — como ensinou o Chacrinha — e você está desafiado para mais um teste do *Manual* sobre a continuação dela.

— Confirmada sua condenação e ampliada sua pena, com o estouro de celebrações em diversos pontos do país pela sua prisão iminente e uma ânsia repentina pela derrubada de sua estátua, Lula decidiu:

a) Ficar em silêncio;
b) Fugir;
c) Se entregar;
d) Pedir um papel ao Bessias;
e) Anunciar uma caravana.

Qualquer resposta entre "a" e "d" não significa o fim da linha para você. Temos os melhores fraudadores do Enem para te indicar. São os reis do gabarito e vão garantir uma performance arrasadora na sua releitura do *Manual*.

Quanto ao Lula, projetou a nova caravana pela região Sul atravessando o território de Gebran e terminando no de Moro — para tirar a limpo, de uma vez por todas e sem firula, a qual dos três o Brasil real obedecia.

Mito bom é mito confiante.

E aquele ali estava em ponto de bala, com tesão de 20 anos (como ele mesmo informara, encantando os fiéis), e não precisava de ninguém para dizer que ele era mito. Prisão era para os mortais.

"Eles estão lutando com um ser humano diferente", esclareceu Lula. "Eu não sou eu. Sou a encarnação de um pedaço de célula de cada um de vocês."

Sergio Moro anotou, pensativo.

O juiz ainda foi checar se o ex-presidente não teria dito "cédula", o que soaria mais natural. Não: era "célula" mesmo — e aí o medidor de santidade apitou forte.

Tradução: a alma honesta já descera das alturas para encarnar nos fiéis — e isso pareceu interessante para Moro.

Já o Brasil, ao ouvir o messias (que na letra da lei estava liquidado) mais exuberantemente messiânico do que nunca, foi baixando a cabeça e pegando a bicicleta no poste para tomar seu rumo.

Lula não era Lula — e a primavera petista não era um jardinzinho qualquer.

Cinderela e as galinhas

Superando com sua magia aquele contratempo burguês em Porto Alegre, a Revolução de Maio libertava seu preso político mais importante — o açougueiro biônico do PT, companheiro Joesley Batista.

Numa manobra incrível, o homem que comprara todo mundo (com a melhor das intenções) era solto por uma Vara de Brasília novinha em folha, criada poucos dias antes — menina dos olhos do ministro Edson Facinho.

Você há de se lembrar do ministro, ainda candidato ao Supremo, sendo guiado pelo lobista de Joesley pelos gabinetes do Senado em busca de apoio. A solidariedade é a alma da revolução.

E cresciam os indícios de que o terremoto de Gebran não tinha engolido as flores de Maio.

A divulgação de um áudio bombástico mostrava Ricardo Saud, diretor da JBS, dizendo ao chefe Joesley que "Marcelo nos pediu o Temer". Referia-se a Marcelo Miller, braço direito de Rodrigo Janot na armação.

O dono da JBS respondia: "E nós entregamos."

Correção do *Manual*: o termo "bombástico" acima foi muito mal-empregado.

Bomba faz barulho. E a nova confirmação cabal da Operação Janoesley para derrubar o presidente da República e devolver o poder aos charmosos assaltantes de 68 não fez o menor sucesso.

Ao contrário: numa pirueta sublime que Greta Garbo jamais sonhou dar, o companheiro Barroso continuou "pedindo o Temer" — quebrando seu sigilo bancário sem objeto específico de investigação (tipo "para ver se aparece alguma coisa").

Os possíveis crimes do mordomo ficavam cada vez mais protegidos, evidentemente, com esse tipo de bravata — mas quem está falando em investigação, seu tolo?

Estamos falando de coisa séria: manchete e fotografia na mídia Free-Boy.

E aí Barroso estava dando um show — o caçador de corruptos de estimação dos candidatos ao Prêmio Joesley de Jornalismo.

E se você disser que Dilma Rousseff não mereceu uma única ação investigativa do supremo companheiro enquanto operava o petrolão, ele quebra o seu sigilo mental — para você parar de pensar besteira.

Melhor largar esse seu preconceito contra a mulher, que está dando na vista. Empoderamento vale muito mais que foro privilegiado — tanto que Dilma manteve a virgindade judicial nos escândalos de Pasadena e Belo Monte quando desceu do Planalto pela planície.

A vida a céu aberto fazia bem aos revolucionários que não tinham nada a temer (dever era outro papo). E na saída para a nova caravana — quase dois meses após a condenação em segunda instância — o ex-presidente mostrava mais uma vez ao seu algoz com quem ele estava lidando.

O refrão estava na boca da claque: enquanto eles mentem sobre o Lula trancados em seus gabinetes, o Lula mostra a verdade andando livre pelo Brasil.

O problema para um mito é quando ele precisa de guarda-chuva em tempo seco.

* * *

A travessia por dez cidades se iniciaria em Bagé, no Rio Grande do Sul, e terminaria em Curitiba, capital nacional da Lava Jato.

Indo, por suas próprias pernas, da terra que o condenou até a que prometia prendê-lo, o filho do Brasil dava às instituições a chance de lembrar quem era o único e absoluto herdeiro de papai. Portanto, dono do pedaço.

O prognóstico não variava muito:

Considerados os recursos e embargos possíveis, mais o tabu, o mito e a MPB, Lula caminhava para se desvencilhar de Moro e até registrar sua candidatura a presidente — prosseguindo de recurso em recurso e de caravana em caravana até a eleição.

Não prenderam até agora, não prendem mais — ressonava o gigante.

O escudo invisível da aura mística, a rigor, tinha três letras: STF — altamente místico, mas bem visível.

E aqui este *Manual*, que não perde a ternura jamais, oferece um momento romântico a você, com exclusividade:

Lula amava o povo, mas a caravana do Sul era dedicada ao Supremo.

Sem querer cortar o clima, explicamos:

A essa altura, o respeitável público estava mais ou menos dividido entre os que diziam que Moro não tinha competência e os que afirmavam que ele não tinha coragem para prender Lula. Mas quem tinha de fato a tesoura para cortar as asinhas do juiz era o STF — com um habeas corpus prontinho para ser votado em perfeita sincronia com a caravana cidadã do condenado.

Direção de cena impecável: quando o plenário da corte fosse decidir sobre a liberdade de Lula, ele estaria nos braços do povo.

Quase deu certo. Só faltou combinar com o povo.

A caravana zarpava no dia 19 de março e o STF julgaria o HC no dia 22. O timing era perfeito — as togas estariam emolduradas pela popularidade explícita do grande líder, cuja presença na eleição já era exigida pelo Datafolha, pelo *Le Monde* e pelo *New York Times*, entre outros.

Aí se deu o revés.

Se Moro era o culpado pelos problemas de Lula — como o próprio sugeria —, as galinhas podiam levar a culpa pelos problemas com sua caravana.

No princípio eram alguns ovos, misturados a outras formas de protesto, obstrução, repúdio. No fim era chuva amarela.

Não havia diretor de cena do outro lado — mas pode-se dizer que ele era bom: a eloquência das *ovadas* foi percebida, adotada como símbolo e intensificada a cada cidade.

No que deixou o Rio Grande e foi avançando por Santa Catarina, a caravana já tinha virado uma atração granjeira.

A cena de Lula protegido por dois guarda-chuvas no palanque em Chapecó sob uma tempestade furiosa e incessante de ovos não tem igual na política mundial, nem terá.

Em nenhum outro lugar do planeta as galinhas foram tão intolerantes.

Moro anotou: desencarnação celular.

Os juízes do STF chegaram para a sessão do dia 22 com as togas imundas e amareladas. Difícil dar a clássica pirueta progressista com o figurino pesado e fétido daquela maneira.

Resolveram amarelar de vez — muito comum sempre que há povo na rua invadindo a privacidade do clube. Sessão interrompida — decisão adiada.

O Brasil crédulo resolvera achar que os pobres advogados do operário tinham batido na porta da corte máxima pedindo pelo amor de Deus que aliviassem o seu cliente — e surgiu a campanha "Resista, Cármen Lúcia".

Era mais ou menos como pedir à porta-bandeira que desse uma rasteira no mestre-sala.

A porta-bandeira tinha uma única e inabalável ideologia — a tintura progressista coleção Brilho da Lua, que a mantivesse bem na foto e com espaço na TV. O resto era seguir a direção do vento.

O vento no Planalto estava soprando na direção Lula livre, com os cafetões de sempre na ONU, Hollywood, imprensa fashion e ONGs milionárias agenciando o corpinho da vítima terceiro-mundista — e avisando que eleição sem o condenado era golpe.

O gigante tinha aberto um dos olhos e visto que o STF ia salvar o companheiro delinquente — assim como quase salvara a companheira *delinquenta*.

Aí o vento trouxe o cheiro de ovo.

Tumulto no salão, biruta virando no plenário, birutas se revirando nas togas, feira livre (Lula ainda não), cheiro de peixe se misturando com o de ovo, ar irrespirável. Felizmente, Marco Aurélio já tinha feito o check-in.

Era a primeira e única sessão de tribunal superior na história suspensa na base do "já tinha marcado outra coisa, senão eu ficava".

E o melhor:

Davam um "boa noite, Cinderela" no Brasil, concedendo a Lula uma imunidade especial que ele próprio não pedira — até que Marco Aurélio voltasse da turnê, ou algo mais emocionante acontecesse.

Carminha tinha resistido — em grande estilo. E o PT aplaudia de pé.

O problema foi que o "boa noite, Cinderela" do Supremo provocou um efeito paradoxal — e o Brasil, em vez de apagar, acendeu. Repetiu-se então, agora com mais intensidade, o fenômeno conhecido como Descarga Elétrica de Gebran.

Com uma gana só comparável às reações de massa que levaram ao impeachment de Dilma, o país foi se mobilizando ao vivo, minuto a minuto — e, menos de 24 horas após a suprema feira, o STF já estava avisado de que o Brasil ia cercá-lo na rua.

No sentido contrário, a chuva amarela desabava mais forte ainda sobre a caravana, obrigando Lula a sair da rua e voltar para casa. Para chegar a Curitiba, teria que ser de carona com Moro.

Furioso, o ex-presidente recuou atacando: "Esses manifestantes deveriam beijar os meus pés."

Naquele momento, porém, aparentemente só o pessoal de toga poderia realizar seu desejo.

Em um dos tumultos que se sucederam nos estertores da caravana, possesso, o ex-presidente convocou a polícia de cima do palanque para dar "um corretivo" num dos artilheiros da gema.

Moro anotou: vai dar merda.

(Em tradução livre e malcriada do *Manual*.)

A profecia de Dilma

E deu.

Também não precisava ser nenhum sensitivo para fazer uma profecia daquelas.

Você até poderia pontificar:

Querido *Manual*, eu sabia que ia dar merda desde que esse maluco saiu de São Bernardo dizendo ser a encarnação das células alheias e achando que ia andar numa boa por lugares que comemoraram a condenação dele como se fosse final de Copa do Mundo.

Nossa resposta:

É fácil falar agora, companheiro, com o chão pátrio coberto de casca de ovo. Queríamos ver você falando isso em alguma das encarnações anteriores do messias, que fazia gato e sapato do povo e voltava novinho em folha (ou Datafolha).

(Nota: o *Manual* é covarde, então ele dá sempre a última palavra e não quer saber de contraditório.)

Pois bem: a caravana que estava sendo convidada pela diplomacia galinácea a tirar o pé da estrada e tomar o caminho da roça — e já sabia que ia ter de aceitar o convite — amanheceu, um belo dia, baleada.

Ninguém vira nada. Não havia testemunha de qualquer etapa da ação do atirador — da aproximação, dos disparos (que não miraram o ônibus de Lula), da fuga ou mesmo do local onde o crime tinha acontecido.

Mistério total.

Ainda assim, o delegado da localidade, na região central do Paraná — para onde a caravana tinha sido desviada de véspera, sem comunicação à segurança do estado —, cravava sem medo de errar: tentativa de homicídio.

Faça você mesmo a manchete que rodou o mundo: Atentado contra Lula.

Parte das notícias informava que não havia feridos no ataque à caravana e que o ônibus onde o ex-presidente estava não fora atingido. Outra parte não perdia tempo com esses detalhes.

O que unia toda a cobertura nacional e internacional era a conclusão enfática, certeira como os tiros na madrugada paranaense:

Tratava-se de um atentado contra a democracia brasileira.

Mas, se a democracia brasileira prestasse mais atenção a Dilma Rousseff, talvez não tivesse sofrido esse atentado.

Horas antes do episódio fatídico, com precisão de sniper, Dilma alertava a imprensa estrangeira sobre a presença de milícias armadas na região que a caravana iria cruzar — e se dizia preocupada com "o que pode acontecer".

Não deu outra.

O Brasil teria se tornado o país mais rico do mundo se tivesse deixado Dilma usar toda essa sagacidade na Presidência.

Mas o que importava, naquele momento, era que o filho do Brasil, todo lambuzado da tempestade amarela enviada pelos deuses dos assaltados, virava instantaneamente vítima da escalada do ódio e da intolerância.

Faltando uma semana para o fim da turnê de Marco Aurélio — portanto, para o julgamento do habeas corpus de Lula —, o STF botava o dedo fora da janela para sentir a nova direção do vento após o atentado à democracia.

Por alguma razão estranha — o Brasil andava estranho — os tiros contra o homem do povo também tinham gerado efeito paradoxal (como o "boa noite, Cinderela"): a manifestação convocada para 3 de abril só engordava.

Verificou-se então no noticiário um fenômeno interessante de revezamento de manchetes urgentes — sobre qualquer tema que não desaguasse no dia 3.

Barroso vinha com a nova temporada da série "o mordomo é o culpado", mandando quebrar sigilo até da sombra do Conde Drácula. Mas dessa vez a plateia não estava desviando os olhos de Lula — e nada do Dia D murchar.

Surgiu, então, uma linha mais direta: a denúncia de que movimentos liberais com presença forte nas redes sociais estavam criando e difundindo *fake news* sobre a vereadora assassinada Marielle Franco, do PSOL.

A bomba dominou as manchetes dos principais veículos, sem tempo para o detalhe: os tais grupos — assim como a imprensa em geral — tinham basicamente noticiado as declarações de uma desembargadora, que insinuara ligação da vereadora com o tráfico.

Por coincidência, os principais grupos acusados de *fake news*, como o Movimento Brasil Livre e o Vem Pra Rua, eram os que estavam à frente da mobilização para o dia 3 de abril.

No pelotão de frente da artilharia, a imprensa Free-Boy, que ia completar um ano de compromisso com a verdade ébria de Janot, Joesley,

Miller e associados, lembrava: aqueles movimentos eram os mesmos que tinham liderado as manifestações pelo impeachment.

Tradução do *Manual*: quem sabe não dava para salvar Lula e reabilitar Dilma com uma notícia falsa só?

Mas estava difícil. O país parecia vidrado no dia 3.

Surgiu então um coquetel arriscado: fazer uma homenagem conjunta a Lula e Marielle, as vítimas de atentados.

A diferença que talvez tenha atrapalhado a onda de solidariedade era que, no caso da vereadora, a polícia estava à procura dos criminosos, e, no caso do ex-presidente, o criminoso fugindo da polícia era ele.

A pouco mais de 48 horas da grande manifestação, parecia que nada mais desviaria o Brasil das ruas na noite de terça-feira, véspera da sessão do STF. Àquela altura, nem uma manchete com a reaparição do ET de Varginha anunciando sua mudança de sexo ia funcionar.

Aí Marco Aurélio voltou de sua turnê declarando que não tinha medo de rede social.

As redes sociais não perguntaram se ele tinha medo de rua, porque não precisava.

E não dava para esquecer a revoada de penteados na corte quando Delcídio foi gravado prometendo que os supremos companheiros dariam fuga a Cerveró. Eis a frase que Carminha estava devendo ao para-choque do tribunal:

"Destruam tudo, menos o nosso verniz."

Seria melhor do que amanhecer, na antevéspera das manifestações, com a fachada do Supremo Tribunal Federal ornada de fora a fora com uma imensa faixa amarelo-ovo:

"Feliz 1º de Abril, Dia do STF"

Sentindo que a rua ia ferver, a presidente lírica do Supremo, que já explicara como combater a violência ("é preciso capacidade de amar"), decidiu fazer um pronunciamento à nação. Responda ao teste do *Manual*.

— O que Carminha disse ao Brasil às vésperas de julgar o HC de Lula foi:

a) Que a suprema corte ia cumprir o seu papel julgando com isenção;
b) Que juiz só fala nos autos, mas ela precisava gravar alguma coisa para aparecer nos telejornais;
c) Que Marco Aurélio já tinha feito o check-in para a DisneyLula, mas dessa vez achava que ia dar tempo de votar;
d) Que todos são iguais perante a lei;
e) Pediu "serenidade" naqueles "tempos de intolerância".

Resposta mais fácil, só se a meritíssima tivesse exaltado o espetáculo da democracia.

O Brasil achou uma graça o jeitinho que ela encontrou para entrar no *press release* do atentado ao ser humano diferente. Mas avisou que infelizmente o STF lhe tinha roubado toda a serenidade possível após zombar da sua boa-fé.

Agora cada um que segurasse o seu verniz no dia 3 de abril.

* * *

Na noite de terça-feira, o Brasil cumpriu sua promessa e tomou as ruas pela prisão de Lula.

Na noite de quarta-feira, o STF cumpriu sua promessa e pôs o rabo entre as pernas.

(Já que o Brasil estava pedindo com jeito, dessa vez eles iam trabalhar direito.)

Serenidade é tudo.

O habeas corpus foi negado e Sergio Moro anotou.

Menos de 24 horas depois, estava determinada a prisão de Lula.

Mas o juiz continuava anotando no seu caderninho.

LIÇÃO Nº 10

O sol quadrado
e o samba da guerra civil

“Eu não sou mais um ser humano. Eu sou uma ideia”, declarou Lula. E mandou os fiéis saírem queimando pneus por aí, na falta de ideia melhor.

Ainda não tinha sido dessa vez.

O Brasil que inundara as ruas na antevéspera estava irritado com Sergio Moro.

Lula, de novo, era o show.

Aquartelado no Sindicato dos Metalúrgicos do ABC, cercado por uma multidão de súditos dentro e fora de sua trincheira revolucionária, sob os holofotes da imprensa brasileira e internacional, o filho do Brasil mandava o recado desconcertante aos inimigos:

Agora vamos ver se vocês sabem me prender.

O juiz tinha decidido dar ao ex-presidente o direito de ir para a cadeia, na sede da Polícia Federal em Curitiba, por si mesmo.

Esgotado o prazo para se entregar à PF, às 17h de sexta-feira, 6 de abril, Lula estava no Sindicato de São Bernardo, no meio de um pagode com churrasco e uísque.

Repórteres já tinham sido agredidos e expulsos, carros da imprensa tinham sido apedrejados, um opositor do PT tinha sido empurrado por militantes embaixo de um caminhão e estava internado em estado grave.

"Quero ver a polícia vir aqui pegar o Lula", dizia o sindicalista Wagner Gomes no carro de som dos metalúrgicos.

Um caminhão-pipa chegava para reabastecer o Sindicato, que ficara sem água devido à grande quantidade de ocupantes em vigília. Muitos tinham pernoitando lá com o ex-presidente, e os visitantes não paravam de chegar.

A direção do PT confirmava: Lula não ia se entregar.

O partido já tinha entrado com recurso na ONU contra a prisão arbitrária que afrontava os direitos humanos.

"Frouxo" era um dos termos mais amigáveis disparados contra Sergio Moro nas redes sociais pelo Brasil que fora às ruas, oscilando entre a fúria e o desânimo.

Isso que dá não ter mandado a polícia prender o bandido! — vociferavam os críticos.

Os analistas instantâneos já explicavam o novo baile de Lula em Moro — anunciando que o mandado de prisão, engolido por recursos e malandragem, jamais seria cumprido. Vexame.

O noticiário ao vivo repetia a toda hora: "o país está dividido".

Era um ângulo interessante, ainda que um pouco exótico.

Este *Manual* reuniu sua equipe de antropólogos, cientistas políticos, astrólogos e matemáticos para decifrar que divisão era essa, mas fracassou.

Decidimos então formular algumas hipóteses, esperando que você nos diga qual é a correta para suprirmos a lacuna na próxima edição.

Faça a sua parte.

— A expressão "o país está dividido", repetida nas principais mídias após a decretação da prisão de Lula, significava:

a) Que cerca de 50% dos brasileiros eram contra o Código Penal e cerca de 50% eram a favor;
b) Que, segundo o Datafolha, se as eleições fossem hoje, Lula não seria preso amanhã;
c) Que metade do país queria estar no pagode do Sindicato do ABC e metade não fazia questão;
d) Que 40% achavam que o crime compensa só no mensalão, 35% achavam que o crime compensa só no petrolão e 25% achavam que tudo vale a pena se a propina não é pequena;
e) Que a guerra civil ia começar assim que o Evo Morales chegasse (a canoa tinha furado no caminho, mas ele já estava no Uber).

Essas foram as hipóteses formuladas pela nossa equipe de especialistas, mas não se prenda a elas. Aceitamos qualquer outra — desde que venha com o selo Free-Boy de honestidade intelectual.

Se o Brasil estava dividido, seu filho, à sua imagem e semelhança, também estava.

Deu uma escapulida do pagode, disse ao pessoal que ia ali tirar uma água do joelho e se trancou no banheiro para discutir a relação.

"Espelho, espelho meu", introduziu, já sendo cortado.

"Vai no ponto, parceiro", acelerou o espelho. "Nesse ritmo a polícia te pega."

"Pois é, esse é o ponto", respondeu Lula. "Tô pensando em pegar esse povo aqui do Sindicato e ir andando até Curitiba. Chego lá no cangote deles. Vai ser do caralho."

"Vai porra nenhuma", devolveu o espelho. "Você é o filho do Brasil, não cumpre ordem de juizinho de merda."

"Não é cumprir ordem, sua besta. Eu prometi que ia fazer isso."

"Foda-se. Se for começar a cumprir promessa a essa altura do campeonato, vão achar que tu amarelou. Aliás, cadê o discurso?"

"Que discurso?"

"Não vai falar nada? Daqui a pouco começam a dizer lá fora que tu tá deprimido, vai por mim."

"Tô com uma ordem de prisão nas costas, maluco! Falar o quê?"

"Sei lá, porra. Toma alguma coisa forte e sai falando."

"Tá."

Na volta à roda de samba, Lula aproveitou para fechar a agenda musical do dia seguinte. Viriam também artistas de fora, e um padre.

Seria um *showmissa*, com panfleto convocatório e tudo, celebrando o aniversário de D. Marisa e a liberdade do condenado, não necessariamente nessa ordem. O clímax seria o discurso que o espelho pediu.

O último brinde da sexta *hot* foi à notícia de que a Polícia Federal, questionada pela imprensa e cobrada energicamente nas redes sociais, declarara afastada a hipótese de invadir o Sindicato do ABC.

A emoção se propagou de São Bernardo a Cannes, de Genebra à Delfim Moreira — todos ansiosos pelo *showmissa* de sábado, com transmissão ao vivo para um Brasil de audiência (e um mundo de inocência).

O hesitante, ingênuo, estrategista de pique-esconde, medroso e fracassado Sergio Moro — na terminologia furibunda das redes sociais — anotava no caderninho: "só melhora".

* * *

O Brasil dos malandros cultos, dos 342 truques para entortar a lei (171 + 171), deixando-a estatelada aos pés do mito qual um marcador de Garrincha, não acharia graça num cochicho tenso entreouvido na madrugada sindical.

Foi mais ou menos assim:

Companheiro, é o seguinte: seu fã lá de Curitiba tá acompanhando sua novela todinha, não perde uma cena. Só que ele toma nota de tudo e disse que vai aproveitar cada detalhe pra esticar a temporada na colônia de férias.

Entendido. Fim da linha.

Pelo menos, que o desfecho fosse original.

Cada um dos guerreiros do povo dera seu recado a caminho da prisão:

O Duque do PT perguntou "que pais é esse?";

Dirceu ergueu o punho cerrado;

João Santana reclamou do "clima de perseguição";

Monica Moura riu;

Pizzolato riu por último (solto por Barroso — o primeiro fugitivo de bom comportamento da história);

Delcídio indagou "como assim, um senador da República?";

João Paulo Cunha disse que, se Mandela aguentou, ele também aguentaria;

E Lula mostrou por que era o chefe de todos eles:

"Eu não sou mais um ser humano. Eu sou uma ideia."

Depois mandou a tropa queimar uns pneus por aí, na falta de ideia melhor.

Foi o ponto alto do *showmissa*, coroando a exaustiva maratona de eventos no Sindicato que só um *workalcoholic* suportaria — para usar a expressão cirúrgica (e anestésica) criada por Dilma Rousseff.

Como única ressalva, a insistência de alguns correligionários em tentar tirar das mãos do *workalcoholic*, no palanque da missa (ou no altar do comício, como o seu credo preferir), a garrafinha de água que passarinho não bebe.

Por que essa perseguição? Não sabiam que na colônia de férias essa marca de água é proibida? Por que cercear o direito à despedida?

De mais a mais, se ele já tinha avisado que era um ser humano diferente, agora acabara de revelar que nem mais humano era. A Lei Seca, por exemplo, só pega quem ainda é humano.

"Os poderosos poderão matar uma, duas ou cem rosas, mas jamais conseguirão deter a chegada da primavera", discursou Lula no altar da revolução.

Ele chegou a pensar em concluir com os versos de Cazuza — "Te trago mil rosas roubadas pra desculpar minhas mentiras e minhas mancadas" —, mas achou que a MPB ia ficar com ciúme.

Na despedida do Sindicato rumo à colônia de férias do Moro, um contratempo: faltara avisar os fiéis sobre a mudança de plano.

A legião estava programada para resistir até o fim dos tempos — o grande líder só seria tirado da fortaleza trabalhista sobre os seus cadáveres. Fizeram uma muralha humana e barraram a saída do carro que levava Lula.

Aflito com a passagem do tempo — agora imaginando o juiz tomando nota de cada novo deboche à lei e botando na sua conta —, o ex-presidente mandou a companheira Gleisi pegar o microfone e espanar a multidão.

A loura má usou suas prerrogativas de senadora-artilheira-presidenta petista para ordenar a abertura dos caminhos. E nada aconteceu.

Gleisi Carabina explicou, apelou, implorou — mas ninguém saiu do lugar.

Lula estava preso.

* * *

O helicóptero com o primeiro ex-presidente preso por crime comum no Brasil baixou sobre a sede da PF em Curitiba na noite de sábado, 7 de abril.

Após fugir da prisão no Sindicato se jogando a pé na multidão e quase sendo engolido por ela — até estar a salvo no carro da polícia —, Lula era recebido com foguetório de final de Copa do Mundo na chegada à cadeia.

Curiosamente, algumas transmissões não mostravam o show pirotécnico dos manifestantes em Curitiba. País dividido é assim mesmo — um olho aberto e outro fechado.

Já em sua cela, o ex-presidente fez um pedido: no dia seguinte, o Corinthians disputaria a final do Campeonato Paulista contra o Palmeiras, e ele queria saber se a PF poderia autorizar a entrada de uma TV.

A PF disse que ia ver o que podia fazer. Acabou autorizando.

Coisas do futebol: você tem o trabalho de roubar um estádio novinho para o seu time e acaba tendo que implorar por uma TV para vê-lo jogando.

No domingo, os relatos da primeira noite de Lula na cadeia se chocavam. Ele tinha tido angústia e insônia, e tinha dormido tranquilamente a noite toda.

O noticiário ainda estava indeciso entre a saga desumana e a sobre-humana.

Coisa de país dividido.

O *Manual do covarde* também tem a sua versão, e passa a apresentá-la aqui.

De fato o ex-presidente estava inquieto com a situação de isolamento repentino, e já de madrugada, como o sono não chegava, resolveu recorrer ao seu fiel confidente:

"Espelho, espelho meu... Que merda, né?"

"Pois é" — concordou o oráculo de vidro.

"Mas, espera aí: o que você tá fazendo aqui? Nunca vi espelho preso."

"Quem tá preso é você, companheiro. Eu só tô aqui pra não te deixar sozinho."

"Ah, tá. Obrigado. Mas como você conseguiu entrar? Que eu saiba, cadeia não tem espelho."

"É que..."

"Ah, já sei: a OAS te botou aqui, né?"

"Não, eu..."

"O Léo Pinheiro me falou que ia dar uma equipada legal na cela. O Léo é foda. Mas ele não tá preso também?"

"Tá, mas na verdade..."

"Ah, foda-se o Léo Pinheiro. Quero saber é como tá a convulsão social depois da minha prisão. Já tocaram fogo em tudo?"

O espelho interrompeu na marra:

"Companheiro, acorda! Você tá sonhando!"

"Como assim, sonhando? O país não parou quando eu fui preso?! Cadê as barricadas?! E os pneus?!"

"Deixa eu te explicar..."

"Não é possível, porra! Cadê o Boulos? E o Stédile? A Gleisi não ia trazer o mundo árabe?!"

O espelho falou com jeitinho:

"Companheiro, isso é um sonho. Cadeia não tem espelho e tá tudo normal lá fora."

Lula insistiu:

"Não é possível... Me disseram que o país tá dividido! Não tá?"

Decidido a encerrar o diálogo, o espelho achou melhor não contrariar:

"Tá. O país tá dividido entre os que dizem que o país tá dividido e os que não ganham um centavo com conversa fiada. Agora acorda, parceiro."

O ex-presidente fez uma pausa, respirou fundo e respondeu:

"Não vou acordar, não. É a primeira noite depois de um tempão que eu não sonho com o Moro. Cala a boca e me deixa dormir."

O espelho se calou para sempre e o filho do Brasil dormiu como um anjo.

Vida normal

Depois do baque com a prisão de Lula, numa evidente falha de roteiro — como todo mundo sabe, ele não ia ser preso nunca —, o país foi voltando aos poucos à normalidade.

O STF meteu logo a mão no processo do sítio de Atibaia — numa manobra exuberante do companheiro Toffoli para tirar das mãos de Sergio Moro trechos da delação da Odebrecht.

Foi uma boa tentativa, mas Moro não chegou a se comover — talvez por saber que tirar a Odebrecht de qualquer processo envolvendo Lula equivaleria, por assim dizer, a desmembrar o próprio Lula.

E o mundo não suportaria ver o seu primeiro estadista de empreiteira mutilado dessa forma hedionda. A ONU com certeza iria gritar.

Falando em ONU, os zeladores da democracia ainda nem estavam refeitos do atentado contra Lula — o mais misterioso da era moderna — quando novos tiros atingiram o acampamento da militância petista em Curitiba.

Gleisi Carabina tinha prometido que ia morrer gente, e ela tem palavra.

Enfim, tudo voltando ao normal — inclusive com a brigada da Delfim Moreira 342 superando uma rápida depressão e retomando a panfletagem desinibida em nome do bom ladrão.

Mas, se você está com a impressão de que este *Manual* termina aqui, preste atenção a uma última e crucial lição:

Um tabu pode cair, uma lenda pode evaporar, um mito pode se extinguir, mas a verdadeira covardia não acaba jamais.

A luta continua, companheiro.

ÍNDICE ONOMÁSTICO

Este livro foi composto na tipografia
Sabon LT Std, em corpo 11/15, e impresso em
papel off-white no Sistema Digital Instant Duplex
da Divisão Gráfica da Distribuidora Record.